SOLTANTO

UN

BAULE

Storie di
emigranti
italiani

NON SOLTANTO UN BAULE

Storie di emigranti italiani

A CURA DI

CONCETTA CIRIGLIANO PERNA

Preambolo di

Matilda Raffa Cuomo

EDIZIONI FARINELLI

Dedico questo libro a mio padre e a mia madre.

Non soltanto un baule has been awarded two literary prizes in Italy:
1st Place in the 2008 "Premio di Letteratura Naturalistica Parco Majella"
and 2007 winner of the "Premio speciale per il saggio sull'emigrazione"
by the Concorso Internazionale di Poesia e Narrativa.

© Copyright 2005 Edizioni Farinelli
Published by
Edizioni Farinelli
20 Sutton Place South
New York, NY 10022
Tel: +1-212-751-2427
E-mail: edizioni@mindspring.com

3rd Printing
Printed in the United States of America

Cover Design: Brian Albert
Text Design: Debra Drodvillo
Photo Research: Brenda Dargan

"Se Rimarrà Qualcosa..." used with permission of Enoe Di Stefano

Cover photo used with permission of National Park Service,
Statue of Liberty/Ellis Island

Photo by Kevin Daley

Concetta Cirigliano Perna, curatrice di questa piccola antologia, vive e lavora a Sydney in Australia. È nata in Italia a San Giorgio Lucano (Matera). Dopo aver conseguito la maturità classica si è laureata a pieni voti in Scienze Politiche con una specializzazione in Diritto Internazionale. In Italia ha insegnato materie economiche e giuridiche presso alcune scuole superiori di Milano e Torino. Trasferitasi in Australia nel 1984, si è dedicata all'insegnamento della lingua e cultura italiana presso la Macquarie University di Sydney e allo studio della storia dell'emigrazione italiana.

Ringraziamenti

Ringrazio di cuore tutti coloro che mi hanno incoraggiata a realizzare questo progetto.

Innanzitutto ringrazio la signora Matilda Raffa Cuomo per aver dedicato tempo prezioso alla lettura del manoscritto e per aver espresso apprezzamento scrivendo il preambolo.

Un particolare ringraziamento va a Emilio Lomonaco, a Oriana Stracuzzi e a Chiara Barbi per aver letto diligentemente il manoscritto. Sono grata a Charlotte Vogel, a Emanuel Klein e a mio marito Rocco, per alcuni preziosi suggerimenti.

Ringrazio le persone che hanno contribuito con le loro testimonianze a mettere insieme questa raccolta di storie: Jean Farinelli (New York City), Elise Magistro (Claremont, California), Enoe Di Stefano (Sydney, Australia), Pat Ciarrocchi (Filadelfia, Pennsylvania), Maria Trovato (Sydney, Australia), Anna D'Agostino (Sydney, Australia), Marcello Spinella (Atlantic City, New Jersey), Susan Amatangelo (Boston, Massachusetts), Carmela Scala (New York City) e Francesca Schembri (Toronto, Canada).

Un grazie affettuoso va a mio figlio Alessandro che, con l'ironia dei suoi sedici anni e in qualità di potenziale fruitore di questo lavoro, ha fatto da preziosissima "cavia."

Questa piccola antologia è nata da un'idea di Jean Farinelli. Jean è stata un'inesauribile fonte d'ispirazione, di guida e di incoraggiamento. A lei va la mia gratitudine per aver creduto in me e in questo progetto.

Indice

Preambolo

Matilda Raffa Cuomo

Ogni emigrante ha una storia. Nessuna storia è uguale ad un'altra, sebbene tutte le storie abbiano molti elementi in comune: orgoglio, disperazione, sofferenza, conflitti, speranze e molto di più. Quando ho letto *Non soltanto un baule* mi sono resa conto che molte esperienze raccontate in esso fanno parte della storia della mia famiglia. Sia mio marito Mario che io siamo figli di emigranti. Crescendo, abbiamo vissuto in prima persona i conflitti tra il "nuovo" e il "vecchio" mondo. Ricordo quando mia madre mi iscrisse alla prima elementare: un impiegato le "consigliò" sbrigativamente di modificare il mio nome italiano Mattia nella versione americanizzata di Matilda. Le umiliazioni subite per la mia condizione di italiana, tuttavia, erano compensate dalla consapevolezza della ricchezza del mio retaggio culturale: anzitutto il senso della famiglia, poi la lingua, le abitudini, le tradizioni; cose che ho sempre cercato di mantenere e di infondere nei miei figli.

Si impara anche attraverso le storie individuali: queste, quando sono ben raccontate, diventano memorabili. Si tramandano di generazione in generazione, ci ricordano come eravamo, mantengono vive le nostre radici ed una cultura ricca ed antica che non può essere dispersa. La lettura di queste dieci storie fa "sedere" il lettore accanto ad ogni protagonista, gli fa condividere i sentimenti e rivivere il lungo percorso che lo ha allontanato dalla madrepatria. Alcune storie risalgono all'inizio del secolo scorso, altre sono più recenti. Iniziano da paesi e città sparse in tutta l'Italia e portano i protagonisti alle coste e alle città dell'America, dell'Argentina e dell'Australia.

In questi ricordi familiari ritroviamo tanti aspetti dell'esperienza migratoria. Vediamo come i nipoti scoprono i nonni che non hanno mai conosciuto. Sentiamo il dramma umano che ha spinto così tanti italiani a lasciare la patria con la speranza di una vita migliore. Condividiamo la sofferenza emotiva e fisica sopportata durante il viaggio. Immaginiamo il loro smarrimento di fronte ad una cultura aliena, a discriminazioni, ad abitudini ed a lingue sconosciute. Purtroppo alcuni stereotipi, particolarmente quelli legati alla criminalità organizzata, sono duri a morire: ancora oggi gli italiani devono confrontarsi con un'immagine che la cultura popolare, nella forma cinematografica e televisiva, continua a proiettare.

Le storie contenute in questa piccola antologia fanno commuovere ma soprattutto fanno riflettere su una pagina della storia dell'emigrazione che, benché toccasse tutti noi, non è mai stata raccontata abbastanza. Sono storie simili a quella di mia madre e della madre di Mario e di milioni di italiani che, come loro, hanno lasciato i genitori e i parenti con la dolorosa convinzione che non li avrebbero mai più rivisti. Queste storie saranno fonte di ispirazione e apporteranno benefici a molti studenti di scuole superiori negli Stati Uniti dove, per la prima volta in 50 anni, avranno la possibilità di seguire il corso di studio della lingua italiana attraverso l'Advanced Placement Program (AP) e di ottenere, al superamento dell'esame, dei crediti per il college.

Sono orgogliosa della mia identità italiana e riconosco l'importanza dello studio dell'italiano come veicolo per la piena comprensione del nostro patrimonio culturale.

Considero un privilegio presiedere il comitato nazionale che si è battuto per l'inclusione della lingua italiana nel programma AP. Questa inclusione sottolinea il riconoscimento del contributo degli italiani alla nostra straordinaria e sfaccettata cultura.

Spero che questo libro incoraggi altri a scrivere la loro storia o quella degli antenati per tramandarne la memoria alle future generazioni.

Prefazione

Questo libro è una raccolta di storie di dieci italiani che hanno vissuto la grande avventura dell'emigrazione. *Non soltanto un baule* è il titolo della prima storia. Ho voluto dare lo stesso titolo a tutta la raccolta in omaggio ai tanti bauli che hanno accompagnato il viaggio della speranza di milioni di italiani verso nuovi paesi.

Oltre agli oggetti più preziosi e strettamente indispensabili al momento dell'arrivo, quei bauli racchiusero il coraggio, le paure e le speranze di milioni di italiani.

Le storie ripercorrono i momenti più struggenti dell'esperienza dell'emigrazione: quello che precede la decisione di emigrare e quello dell'impatto con i paesi che diventeranno le seconde patrie.

Il dramma dell'emigrazione, infatti, ha inizio ben prima della partenza. Esso comincia con il momento dei mille dubbi, delle notti insonni trascorse a domandarsi cosa fare: stringere i denti e rimanere in patria in condizioni di vita ai limiti della sopportazione umana, oppure abbandonare quel poco che si ha, rinunciare alle scarse certezze e costruire un futuro altrove?

Sono storie di donne e uomini che hanno avuto un grande coraggio perché hanno optato per la seconda soluzione, la più difficile, quella che presentava più incognite, quella che avrebbe causato lacerazioni e sofferenza. Lo sradicamento dal proprio paese, dalle abitudini, dagli affetti, dagli odori, dai sapori, dalla propria lingua, è indubbiamente una delle esperienze più traumatiche nella vita di qualsiasi persona.

Sono storie che ci rivelano personaggi spesso diversi tra di loro: alcuni provenivano dalle città, altri dalle campagne; alcuni erano braccianti, altri artigiani; alcuni avevano avuto la fortuna di imparare a leggere e a scrivere, altri, ed erano la maggioranza, arrivavano nei nuovi paesi completamente analfabeti. Sono personaggi con percorsi di vita diversi ma accomunati da uno stesso destino: l'emigrazione.

Alcune delle storie che seguono sono state raccontate dai figli o dai nipoti di emigranti. Da queste emerge il desiderio di dire loro "grazie" per quello che oggi sono e hanno. Altre sono una testimonianza diretta dei protagonisti. Ho avuto il privilegio di incontrarli, di ascoltarli e di rivivere, indirettamente, le tappe che hanno segnato la loro esperienza di emigranti. Spero di essere riuscita a trasmettere, nel raccontarle, l'immediatezza e la genuinità delle loro voci. Durante questi incontri mi sono chiesta più di una volta se sarei stata capace di esprimere loro la mia gratitudine per le emozioni che mi hanno regalato.

I dieci protagonisti di questa raccolta simboleggiano tutti gli italiani che hanno ricominciato, loro malgrado, una seconda vita fuori dall'Italia. Ad essi dobbiamo riconoscere il grande merito di aver diffuso nel mondo un'immagine dell'Italia e degli italiani degna di ammirazione e di rispetto.

Concetta Cirigliano Perna
Sydney
2005

Introduzione

Al pianterreno del Museo dell'Emigrazione di Ellis Island a New York, c'è un salone immenso il cui centro è occupato da una fila interminabile di bauli accatastati[1] l'uno sull'altro. Sono migliaia di bauli, coperti di polvere e di ragnatele. Sembrano tutti uguali, eppure nessuno è uguale all'altro così come la storia di ogni emigrante non è mai uguale a quella di un altro. Alcuni consistono in casse rudimentali[2] fatte con strisce di legno ruvido inchiodate alla meno peggio,[3] altri sono un po' più pretenziosi, qualcuno potrebbe addirittura essere un bel pezzo di antiquariato.

La vista di quella "muraglia"[4] di bauli dà un'emozione indescrivibile: si possono immaginare gli oggetti, le vettovaglie,[5] i ricordi preziosi, le speranze che custodirono durante la traversata dell'oceano verso la "terra promessa," verso il benessere, verso un sogno.

Quei bauli simboleggiano la pagina più commovente e forse meno letta della storia dell'emigrazione.

Simboleggiano gli aspetti più umani di un esodo biblico che, cominciato verso il 1880, è proseguito fino alla seconda metà del 1900.

Alcuni dati e dei brevi cenni storici possono dare un'idea delle dimensioni della diaspora italiana.

L'unificazione dell'Italia nel 1861 non produsse un miglioramento della situazione economica, specialmente nel Sud. Seguirono invece una rapida crescita demografica, una stagnazione dell'economia, una scarsità di lavoro e condizioni di vita estremamente precarie. Ebbe inizio l'emigrazione di massa. Più tardi le conseguenze disastrose della Prima Guerra Mondiale, che devastò le campagne e della Seconda Guerra Mondiale, che trasformò le città italiane in cumuli di macerie,[6] ancora una volta resero l'emigrazione uno sbocco[7] necessario ed inevitabile.

Dal 1880 fino al 1913 emigrarono mediamente circa centomila persone all'anno. Con lo scoppio della Prima Guerra Mondiale, nel 1914, l'emigrazione subì una fase d'arresto[8] e riprese

---

1 **accatastati:** ammassati
2 **rudimentali:** primitivi
3 **alla meno peggio:** nel miglior modo possibile
4 **muraglia:** muro, barriera
5 **vettovaglie:** cibi, viveri

6 **cumuli di macerie:** ammassi di materiale dopo il crollo di una costruzione
7 **sbocco:** via d'uscita, sfogo
8 **subire una fase d'arresto:** fermarsi, interrompersi per un certo periodo

subito dopo la fine del conflitto. Dal 1931 ci fu un'inversione di tendenza:[9] da una parte gli Stati Uniti limitarono il numero degli immigrati, dall'altra il fascismo decise di ridurre via via[10] gli espatri per salvaguardare gli interessi della nazione. Dopo la fine della Seconda Guerra Mondiale, nel 1946, l'emigrazione riprese nuovamente ad un ritmo impressionante.

Durante il secolo scorso partirono complessivamente circa ventinove milioni di persone di cui solo poco più di dieci milioni rientrarono in patria. Ritornarono principalmente quelli che erano emigrati in altri paesi europei, mentre pochi rientrarono dalle Americhe e pochissimi dalla lontana Australia. Nell'arco di poco più di due generazioni l'Italia subì[11] quindi una perdita demografica di circa diciannove milioni di abitanti. Dal 1970 l'emigrazione dall'Italia è quasi nulla.[12] Il periodo tra gli anni Sessanta e Settanta ha segnato la trasformazione dell'Italia da società prevalentemente agricola a società industrializzata: è seguita una fase di intenso sviluppo che è conosciuta sotto il nome di "Boom Economico." Paradossalmente la rinascita economica dell'Italia è stata possibile anche grazie ai soldi che gli emigranti mandavano ai familiari rimasti in Italia. Basti pensare che le rimesse[13] versate tra il 1945 e il 1960 ammontavano ad oltre due miliardi e quaranta milioni di dollari americani, che hanno rappresentato una boccata d'ossigeno[14] di notevole entità per un paese logorato come l'Italia di quegli anni. Alla crescita dell'economia sono seguiti un aumento dei posti di lavoro, dei salari, del livello d'istruzione, dell'assistenza sociale, un miglioramento delle condizioni di vita e soprattutto un maggiore ottimismo nel futuro. I pochi che lasciano l'Italia oggi hanno quindi motivazioni diverse da quelle dei predecessori: decidono di andare via per curiosità, per spirito d'avventura o per desiderio di cambiare stile di vita. Vanno via per scelta, non per necessità.

L'emigrazione riguardò tutta l'Italia anche se le perdite più massicce[15] le subì il Sud, la parte della penisola storicamente più arretrata, in particolare la Sicilia, la Calabria, la Basilicata e la Campania. Al Nord invece le regioni più colpite[16] furono il Veneto e il Friuli.

---

9 **inversione di tendenza:** cambiamento di un fenomeno in direzione opposta
10 **via via:** piano piano, di volta in volta
11 **subire:** soffrire
12 **nulla:** inesistente
13 **rimesse:** invio di un pagamento, spedizione di denaro
14 **boccata d'ossigeno:** sollievo, aiuto
15 **massicce:** grandi, rilevanti
16 **colpite:** danneggiate

Le mete[17] "preferite," tra la fine del 1800 e l'inizio del 1900, furono gli Stati Uniti, il Canada e il Sud America. Nel secondo dopoguerra, grazie anche all'accordo di emigrazione assistita tra l'Italia e l'Australia del 1951, una parte cospicua del flusso migratorio si diresse verso l'Australia.

Oggi si calcola che, tra gli emigranti con passaporto italiano e i discendenti, vivano all'estero circa sessanta milioni di italiani. Esiste, come dire, un'altra Italia al di fuori dell'Italia o sarebbe più appropriato parlare di altre Italie fuori dai confini italiani. Le comunità italiane, infatti, hanno acquisito[18] caratteristiche diverse a seconda[19] dei paesi di adozione. Inoltre le *Little Italies* presentano caratterizzazioni regionali ben precise e riconoscibili.[20] Per esempio, nel sobborgo di Five Dock a Sydney più della metà della popolazione è di origine italiana e oltre il trenta per cento di essa proviene dalla Basilicata. Da un'indagine risulta che nel 1950 cinque abitanti di San Fele (Potenza) emigrarono in Australia. Dopo pochi anni ce n'erano circa quattromila.[i] Camminando per le strade di Five Dock, ascoltando i dialetti e osservando le persone, si ha quasi l'impressione di essere in Basilicata. Fece sorridere, alcuni anni fa, un cartello sul finestrino di una banca in cui si leggeva: "Qui si parla anche inglese."

Il primo trentennio del ventesimo secolo vide interi paesi spopolarsi gradualmente e le campagne in larga parte privarsi di risorse umane. Braccia e cervelli andarono a contribuire allo sviluppo ed al benessere di terre straniere che beneficiarono di una solida cultura contadina e artigiana e di secoli di esperienza in tutti i settori dell'economia. Gli italiani scesero nelle miniere, trasformarono campagne brulle[21] in oasi verdi e lussureggianti,[22] tagliarono, sotto le dure regole della *gang*,[ii] canne da zucchero nelle piantagioni del Nord Queensland in Australia e della Louisiana negli Stati Uniti, costruirono gallerie, strade, grattacieli, dighe, ferrovie e ponti in ogni parte del mondo.

In molte regioni italiane rimasero prevalentemente anziani, bambini e giovani mogli. Queste venivano chiamate "vedove bianche"[iii] e talvolta aspettavano molti anni prima che i mariti fossero in grado[23] di mandare i soldi sufficienti per il viaggio. Quando i soldi arrivavano e potevano finalmente partire, queste

17 **mete**: destinazioni
18 **acquisire**: acquistare, prendere
19 **a seconda**: in base a, secondo
20 **riconoscibili**: distinguibili, facilmente identificabili
21 **brulle**: aride, improduttive
22 **lussureggianti**: prosperose
23 **essere in grado**: essere capace

donne si portavano dentro un tormento indicibile.[24] Alla gioia di rivedere il marito e alla speranza di una vita più dignitosa si contrapponeva la tristezza per quelli che avevano lasciato alle spalle: gli anziani genitori e parenti che, in cuor loro, sentivano non avrebbero più rivisto.

Se lasciare il proprio paese, gli affetti, le abitudini, le tradizioni, provocava drammi umani che forse non potranno mai essere descritti fino in fondo,[25] l'impatto con il nuovo mondo non avveniva mai in maniera indolore. Il periodo iniziale era il più traumatico. Il confronto con realtà così diverse da quelle a loro familiari, la necessità di capire e di farsi capire in una lingua sconosciuta, la ricerca di un lavoro, di una casa, erano solo alcune delle tante difficoltà che bisognava affrontare. Ai problemi pratici subentravano quelli di natura psicologica. Quando la realtà si rivelava diversa da quella che avevano immaginato, emergevano subito i sensi di disillusione, di frustrazione, di alienazione e soprattutto di nostalgia. Nonostante fossero fuggiti dall'Italia per sopravvivere, molti emigranti non si sono mai liberati, neanche a distanza di tantissimi anni, dal peso opprimente[26] della nostalgia per le cose e le persone che avevano fatto parte della loro vita fino al momento del distacco.[27]

Per agevolare[28] l'adattamento alla nuova realtà e per non disperdere le loro risorse, gli immigrati provenienti dagli stessi paesi o dalle stesse regioni sviluppavano delle singolari[29] forme di collaborazione e di sostegno, morale e materiale. Le competenze[30] di ognuno di loro erano messe a disposizione della comunità. In genere si stabilivano nello stesso quartiere o in quartieri confinanti. Si stringevano attorno alle parrocchie italiane dove ricevevano l'assistenza materiale e il conforto dei padri missionari italiani, in particolare dei Frati Cappuccini e dei Padri Scalabriniani. Costituivano club e associazioni che, oltre a rappresentare importanti punti di socializzazione, consentivano loro di sentirsi più uniti e compatti in realtà ostili. Non si sentivano soli, insomma, di fronte agli inevitabili episodi di conflitti e di intolleranza con il popolo ospitante o con gruppi di etnie diverse. Purtroppo nessun paese è immune da sentimenti di discriminazione razziale. Non dimentichiamo che in Australia, per esempio, all'inizio del secolo

---

24 **indicibile**: indescrivibile, enorme
25 **fino in fondo**: completamente
26 **opprimente**: insopportabile, pesante
27 **distacco**: separazione, allontanamento

28 **agevolare**: facilitare
29 **singolari**: speciali, particolari
30 **competenze**: conoscenze, abilità

scorso non era chiaro se gli italiani potessero essere classificati "bianchi" o "neri." Per definirli s'inventarono espressioni ad hoc come *olive complexion,* pelle olivastra e, successivamente, *Mediterranean appearance,* aspetto mediterraneo. Nascevano anche i dubbi se queste caratteristiche rispondessero ai criteri richiesti dalla politica del governo australiano di allora[31] che voleva conservare l'Australia "bianca." Esistono documenti che testimoniano lo stesso problema in America. Nonostante l'insistenza di Mussolini nel dichiarare la razza italiana come "razza ariana," in America c'era questo grosso dilemma: gli italiani certamente non erano "neri" ma non potevano neanche essere considerati "bianchi." Gli italiani, per non correre il rischio di essere espatriati, dovettero imparare a controllare le loro reazioni quando erano etichettati[32] con titoli offensivi come *dagos, wops, wogs, tani, mafiosi.*[iv] Soprattutto lo stigma di "mafiosi" causava lo sdegno[33] e la frustrazione degli italiani quando venivano associati alla criminalità organizzata per il solo fatto di essere italiani. Ancora oggi, purtroppo, il cinema e la televisione troppo spesso alimentano[34] una certa cultura popolare e continuano a perpetrare un'immagine distorta degli italiani attraverso produzioni come *The Godfather, The Sopranos* e *Shark Tale* di Steven Spielberg.

Le reti di "mutuo soccorso" tra gli italiani si rivelarono molto utili anche per la soluzione di problemi logistici. Non erano rari i casi in cui due, tre famiglie si sistemassero nella stessa abitazione. Erano, il più delle volte, case anguste,[35] prive[36] di acqua corrente e di servizi igienici, dove si viveva in condizioni ai limiti della dignità umana. Agli italiani, come d'altronde a tutti gli altri immigrati, venivano offerti i lavori più umili e pesanti, quelli che i locali non volevano più fare. Accettavano qualsiasi lavoro. Non potevano permettersi di avere la puzza sotto il naso:[37] dovevano mangiare, sfamare la famiglia e per di più[38] mandare aiuto finanziario ai parenti rimasti in Italia.

Gli italiani non si tiravano indietro[39] davanti a nulla, sorretti[40] da un'inesauribile[41] voglia di "farcela."[42]

---

31 **di allora:** dell'epoca, di quel tempo
32 **etichettati:** classificati, identificati
33 **sdegno:** irritazione, collera
34 **alimentare:** incoraggiare, favorire
35 **anguste:** scomode, disagevoli
36 **prive:** sprovviste, mancanti
37 **avere la puzza sotto il naso:** fare i difficili, gli schizzinosi

38 **per di più:** inoltre
39 **tirarsi indietro:** rinunciare a un proposito
40 **sorretti:** incoraggiati, sostenuti
41 **inesauribile:** infinita, immensa
42 **farcela:** superare qualsiasi ostacolo per raggiungere gli scopi prefissati

La voglia di "farcela" doveva essere notevole se permise loro persino[43] di superare la discriminazione politica durante la Seconda Guerra Mondiale. Con la dichiarazione di guerra dell'Italia alla Francia e all'Inghilterra il 10 giugno del 1940, gli italiani sparsi per il mondo videro, nel giro di poche ore, cambiare il loro status da immigrati in "nemici alieni" per la sola colpa di essere italiani. Intere famiglie dovettero trasferirsi in "aree ristrette." Uomini di tutte le età furono portati via dalle loro case o dai posti di lavoro, ammanettati[44] e mandati in prigioni o in campi d'internamento. Furono trattati come dei criminali che rappresentavano una minaccia per la società ed un pericolo per la stabilità del paese. Solo negli Stati Uniti più di 600.000 italo-americani, insieme a circa 100.000 giapponesi e a più o meno lo stesso numero di tedeschi, furono costretti a limitazioni della libertà di movimento, a coprifuochi, alla chiusura dei loro club, alla confisca delle proprietà e all'internamento. Questa fu una delle piaghe[45] sociali e politiche più profonde inflitte agli emigranti italiani, soprattutto se si considera che, a parte un'esigua[46] minoranza che aveva apertamente manifestato simpatie per il fascismo, la maggior parte non era del tutto al corrente di quello che stava succedendo in Europa. Essi erano emigrati per cercare "pane e lavoro" e la loro vita ruotava[47] unicamente intorno al bisogno di guadagnare qualche soldo e di tirare su[48] dignitosamente la propria famiglia.

La straordinaria forza di superare frustrazioni e umiliazioni di ogni tipo e la capacità di adattarsi a condizioni di vita disumane danno la misura della miseria e della disperazione che avevano lasciato in Italia. Tutto diventava sopportabile purché potessero fuggirne e inseguire un sogno.

Gli italiani di prima generazione hanno potuto godere i frutti del duro lavoro dei genitori. Grazie ad un livello d'istruzione superiore hanno cominciato ad occupare posizioni più prominenti nel campo culturale, economico, politico e delle libere professioni. Tuttavia l'integrazione non è stata facile nemmeno per loro. Hanno dovuto lottare molto per trovare una via di mezzo[49] tra le due identità: quella "imposta" dai loro genitori, impregnata di stereotipi e rimasta ferma[50] al tempo della loro partenza, e quella "imposta" dal

---

43 **persino:** anche, addirittura
44 **ammanettati:** arrestati con le manette ai polsi
45 **piaghe:** ferite, disgrazie
46 **esigua:** piccola, minima

47 **ruotare:** girare, concentrarsi
48 **tirare su:** allevare
49 **via di mezzo:** compromesso
50 **ferma:** irrigidita, cristallizzata

paese di adozione, basata su principi molto diversi e, a volte, contrastanti. Erano posti davanti ad una scelta difficile ed il disagio che ne scaturiva era profondo. Da un lato avvertivano il fascino e l'attrazione della cultura italiana, con i suoi valori, il profondo senso della famiglia, l'importanza del pranzo domenicale, la varietà della sua cucina e la ricchezza delle sue antiche tradizioni. Dall'altro il sentirsene completamente parte rischiava di alienarli, di emarginarli dalla società in cui vivevano e di privarli di quel fondamentale senso di appartenenza ad un posto e ad una comunità. Da qui nasceva, per esempio, il rifiuto di parlare italiano quando erano per strada, di mangiare il panino con il salame a scuola e di invitare amici a casa: lo stile troppo *wog* dei mobili, l'inglese sgrammaticato dei genitori, il forte odore di aglio e le piante di pomodori e melanzane nel giardino al posto di dalie e ortensie, erano fonte[51] di notevole imbarazzo. Nei casi più estremi il senso di inadeguatezza si trasformava addirittura nella "vergogna" di essere figli di italiani. Ricorrevano a piccoli espedienti pur di[52] alleggerire il peso di questa "vergogna:" si ossigenavano[53] i capelli, modificavano i nomi, talvolta[54] arrivavano persino a rimuovere quella odiata vocale alla fine del cognome e cercavano di uniformarsi, fuori di casa, a comportamenti che non erano considerati appropriati nell'ambito familiare.[55]

I giovani di seconda e terza generazione sono i più fortunati. Perfettamente integrati, godono il meglio delle due culture e dei due mondi. Non devono fare delle scelte. Non sentono in alcun modo[56] di doversi adeguare ai modelli rigidi imposti dai nonni ai loro genitori. Grazie al multiculturalismo ed alla valorizzazione delle diversità e del pluralismo, molti aspetti della cultura italiana sono stati accettati ed adottati dalle società in cui crescono, ne sono diventati parte integrante. "Italiano" oggi è sinonimo di creatività, eleganza, classe e sofisticazione. Basti pensare alla popolarità dei ristoranti italiani, della moda, del design, dell'arte. L'Italia esercita un fascino indiscutibile sugli stranieri ed è il paese che qualsiasi turista sogna di visitare, almeno una volta nella vita. Non desta[57] alcuna sorpresa che uno straniero affermi: "Amo l'Italia e tutto quello che è italiano." L'italiano è una delle lingue più studiate al mondo e non solo dai discendenti di italiani. Perché? Perché tutti l'amano, ne apprezzano la musicalità, la ricchezza e si rendono conto che,

---

51 **fonte**: causa
52 **pur di**: al fine di, purché
53 **ossigenarsi**: tingersi , colorare
54 **talvolta**: alle volte, qualche volta

55 **nell'ambito familiare**: all'interno della famiglia
56 **in alcun modo**: affatto, per niente
57 **destare**: suscitare, provocare

imparando la lingua, possono comprendere più a fondo la cultura e
la storia dell'Italia.

Alla domanda se si sentano italiani, i giovani rispondono che
sono prima di tutto americani, argentini, canadesi, australiani ed è
giusto che sia così, è legittimo che amino il paese in cui sono nati e
che nutrano sentimenti patriottici nei confronti di esso. Tuttavia non
negano le loro origini italiane, anzi ne sono orgogliosi. Grazie al
benessere economico raggiunto, molti vanno in Italia. Conoscono
pertanto[58] il nuovo volto dell'Italia che non è più arretrata e povera
ma moderna, avanzata, dinamica. Capiscono che gli spaghetti, la
pizza e il mandolino fanno parte del folklore. Scoprono che l'Italia
detiene[59] più del cinquanta per cento del patrimonio artistico
mondiale, che è membro fondatore dell'Unione Europea e che è la
sesta potenza economica al mondo. Scoprono l'Italia dei dipinti di
Caravaggio, del Davide di Michelangelo, dell'Ultima Cena di
Leonardo da Vinci. Si commuovono quando i loro occhi catturano
l'atmosfera dell'antica Roma dei Fori Imperiali, la Piazza Ducale di
Vigevano, le torri di San Gimignano, la dolcezza delle Langhe
piemontesi, il barocco di Lecce, il Palazzo Ducale di Gubbio, il
mercato della Vucciria di Palermo, la Reggia di Caserta, la
suggestività mozzafiato[60] di Positano, i Sassi di Matera, l'arte araba di
Messina, i trulli di Alberobello, i ponti di Venezia, i faraglioni di
Capri, lo splendore di Ravello, l'aspra bellezza della Sardegna. La
lista è infinita.

Oggi più che mai le nuove generazioni mostrano interesse e
curiosità per le proprie origini. Sanno che una migliore
comprensione del passato consentirà loro di apprezzare meglio il
presente e il futuro.

Brilla una luce particolare nei loro occhi quando parlano dei
nonni o bisnonni che con dignità, coraggio e spirito di sacrificio
hanno saputo superare gli ostacoli dell'emigrazione. Erano emigrati
per sfuggire alla fame, per sopravvivere. Hanno fatto molto di più:
hanno dato un contributo inestimabile[61] allo sviluppo ed allo stile di
vita dei paesi che li hanno accolti quando vi sono giunti, con i loro
bauli, inseguendo un sogno.

---

58 **pertanto**: perciò, quindi
59 **detenere**: possedere, avere
60 **mozzafiato**: che lascia a bocca aperta,
   che toglie il respiro
61 **inestimabile**: prezioso, incomparabile

NON SOLTANTO UN BAULE

Storie di emigranti italiani

Non soltanto un baule

Jean Farinelli

"Volarono anni corti come i giorni."

Eugenio Montale (1896-1981)
premio Nobel
per la letteratura, 1975

Un baule, vecchio e sbrindellato,[1] occupa con orgoglio l'angolo più importante dello studio di casa mia. I suoi colori originari, blu e verde, si sono sbiaditi[2] e le fasce di legno sono consunte[3] dall'uso e dal tempo. Qualche volta i miei amici mi domandano perché sia lì, visto che non è neanche tanto bello. Come posso spiegare loro che per me non è soltanto un baule: esso custodisce la storia della mia famiglia.

Guardandolo, vado con la mente all'inizio del ventesimo secolo.

I miei nonni Pasquale e Filomena si sposarono nel 1907, in Abruzzo, una piccola e ridente[4] regione nel centro dell'Italia. La coppia si sistemò a Controguerra dove avrebbero presto avuto due bambini, Umberto e Grazia. Poi mio nonno partì per il servizio militare lasciando mia nonna da sola a badare[5] alla casa e ad allevare[6] i bambini.

Controguerra era un paesino di montagna molto povero. I pochi abitanti si ostinavano[7] a rendere[8] fertile una terra arida e rocciosa che purtroppo non dava i frutti sperati. Le condizioni di vita erano molto difficili e le prospettive di un futuro migliore precarie. Molti si arrendevano[9] ed emigravano verso terre lontane e sconosciute.

Pasquale era uno di loro: coltivava quest'idea da tempo. Aveva tentato di tutto pur di sottrarsi al triste destino di molti coetanei[10] ma dovette convincersi che non aveva altra scelta se non quella di andare via. Anch'egli inseguì il sogno americano. Anche per lui l'America divenne il paese della speranza. All'inizio del 1913 preparò i documenti per emigrare in America.

Purtroppo non ho mai conosciuto mio nonno perché mio nonno non ha mai visto l'America. È morto mentre era ancora soldato. Mia nonna, che in America ci è andata ugualmente, l'ho conosciuta poco: abitava lontano da noi, non parlava inglese ed è morta quando avevo nove anni. Tutto quello che so dei miei nonni mi è stato raccontato da mio padre. Ricordo alcuni episodi che sono davvero struggenti.[11]

Nel rigido inverno del 1913 mio nonno, che stava "servendo la patria," ottenne una breve licenza[12] per andare a rivedere la sua

---

1 **sbrindellato:** rotto, ridotto a brandelli
2 **sbiaditi:** scoloriti, privi di vivacità
3 **consunte:** consumate, logorate
4 **ridente:** piacevole, amena
5 **badare:** avere cura, occuparsi
6 **allevare:** far crescere, educare

7 **ostinarsi:** intestardirsi, impuntarsi
8 **rendere:** far diventare
9 **arrendersi:** cedere, darsi per vinto
10 **coetanei:** persone della stessa età
11 **struggenti:** dolorosi, tristi
12 **licenza:** permesso, autorizzazione

famiglia. Camminò molti giorni sotto una pioggia incessante e con un freddo che penetrava nelle ossa. Pasquale arrivò a casa sfinito[13] e ammalato. Aveva contratto[14] una polmonite che gli fu fatale e morì dopo pochi giorni lasciando Filomena sola e disperata. Per uno scherzo del destino, alcune settimane dopo la morte di mio nonno, arrivarono i tanto attesi[15] documenti che davano il permesso alla famiglia di emigrare in America. Filomena sentì un senso di vuoto più profondo di quanto avrebbe mai potuto immaginare. Era giovanissima e la vita l'aveva messa di fronte a due realtà terribili: la perdita del marito e la prospettiva di un futuro incerto e difficile. Il visto per l'America era nelle sue mani; il futuro dei figli era nelle sue mani. Tutto dipendeva da lei, dalla sua determinazione e dal suo coraggio. Mia nonna ne ebbe tanto di coraggio perché decise di partire. Sentiva che non avrebbe potuto vivere con il rimpianto di aver negato ai figli l'opportunità di una vita più dignitosa. Era vedova, quasi analfabeta, aveva due bambini piccoli, pochi soldi in tasca e l'indirizzo di un lontano parente che abitava a Filadelfia. Prenotò tre posti in terza classe sulla "Duca degli Abruzzi" che partiva dal golfo di Napoli.

La partenza venne rinviata[16] due volte. La prima volta per quasi un anno perché i bambini avevano preso la varicella;[17] la seconda, perché la nave che avrebbe dovuto portarli in America veniva invece usata per trasportare soldati e rifornimenti[18] in Africa. Finalmente, nell'ottobre del 1916, a Filomena venne confermata la data della partenza. Aveva trentadue anni.

Per pagare il biglietto del viaggio mia nonna dovette vendere tutti i suoi averi, inclusa una piccola collana, l'unico gioiello che aveva ricevuto come regalo di nozze.

Le avevano detto che poteva portare solo un baule: così mise tutte le cose più preziose e a lei più care in un baule blu e verde. Il momento del distacco dal resto della famiglia fu tra i più tristi. Tutti sentivano in cuor loro che probabilmente non si sarebbero più rivisti. Infatti non si rividero.

Sul dorso di due asini Filomena, i due bambini ed il baule attraversarono le colline che dividevano Controguerra da Alba Adriatica, una cittadina[19] sul mare Adriatico, da dove presero il

13 **sfinito:** prostrato, senza forze
14 **contrarre (una malattia):** ammalarsi
15 **attesi:** desiderati, aspettati con ansia
16 **rinviata:** differita, posticipata
17 **varicella:** malattia infantile
18 **rifornimenti:** provviste di cibo e di abbigliamento per i soldati
19 **cittadina:** piccola città

treno per Napoli. Al porto c'era ad aspettarli la grande nave che li avrebbe portati in America con altri millenovecento passeggeri.

Il viaggio durò più di due settimane. Il mare era molto agitato per quasi tutta la durata della traversata. Le condizioni ambientali erano orrende: la terza classe era sovraffollata, puzzolente,[20] squallida e sporca. Il cibo era scarso e nelle cabine non avveniva mai il ricambio dell'aria. Non c'era da stupirsi[21] che tanta gente si ammalasse. In queste condizioni ed in alto mare mio padre "festeggiò" il suo sesto compleanno.

Finalmente la Statua della Libertà, grande e maestosa, apparve all'orizzonte. Era lì, immobile, materna, autorevole. Dava il benvenuto alle migliaia di emigranti che arrivavano, stipati[22] su vecchie navi, con il cuore gonfio di speranze, i corpi stremati, le facce stanche e gli occhi pieni di trepidazione. Con il braccio teso verso il cielo, con la torcia perennemente accesa, quasi come se volesse illuminare l'universo intero, annunciava a tutti che erano giunti in America, la terra della libertà e delle infinite opportunità.

Era il quattro novembre del 1916. Ho spesso immaginato le emozioni che mia nonna deve aver provato alla vista di New York: il sollievo[23] per essere giunti a destinazione, l'apprensione per la nuova vita e soprattutto la gioia per aver esaudito[24] il sogno di suo marito.

La nave fece la prima fermata ad Ellis Island vicino al porto di New York. Qui sbarcavano i passeggeri che viaggiavano in terza classe. Per gli altri la nave proseguiva per il porto di New York City.

Di solito gli emigranti trascorrevano da uno a tre giorni ad Ellis Island per i normali controlli sul loro stato di salute, sulle condizioni igieniche, sulla quantità di denaro che portavano con sè e sulla destinazione finale. Filomena ed i bambini, invece, vi rimasero per tre mesi.

Mia nonna si era chiusa in un mutismo totale, bloccando tutte le normali procedure previste dalla legge sull'immigrazione.

Non abbiamo mai capito cosa fosse esattamente successo nella sua mente. Lei stessa non l'ha mai saputo spiegare; qualche volta ha accennato ad una "paura dei militari," al terrore che le incuteva[25] "l'uniforme." Possiamo solo fare delle ipotesi per giustificare un comportamento altrimenti inspiegabile. Gli ispettori

---

20 **puzzolente**: maleodorante
21 **stupirsi**: meravigliarsi, sorprendersi
22 **stipati**: ammucchiati in uno spazio limitato

23 **sollievo**: contentezza, consolazione
24 **esaudire**: realizzare, soddisfare
25 **incutere**: causare, infondere

addetti[26] all'immigrazione indossavano[27] un'uniforme. Mia nonna, probabilmente, collegava l'uniforme alla morte di suo marito. Di conseguenza, quando le domandavano dove e da chi avrebbe abitato in America, lei si bloccava e non rispondeva. Temeva[28] che qualunque cosa dicesse, potesse impedirle di rimanere. Senza queste informazioni gli ufficiali non potevano farla entrare negli Stati Uniti. La piccola famiglia trascorse così il primo Natale americano ad Ellis Island.

Per tre volte gli ufficiali tentarono di rimandare in Italia Filomena, i bambini e il baule. Per tre volte mia nonna minacciò di buttarsi in mare provocando il pianto disperato dei suoi bambini ed il panico tra i presenti. La situazione era diventata grottesca, comica e drammatica allo stesso tempo. Messa alle strette,[29] Filomena si decise a rivelare il nome e l'indirizzo dei parenti che li avrebbero ospitati a Filadelfia. Potè finalmente mettere piede a New York.

Mio padre mi ha spesso raccontato questa storia: per me è divenuta talmente[30] reale che mi sembra d'aver fatto il viaggio insieme a loro.

Oggi porto dentro di me un grande rimpianto: quello di aver scoperto solo da adulta la ricchezza della mia cultura ed il piacere di parlare italiano. Mio padre ha voluto "americanizzarmi" a tutti i costi. Non lo biasimo:[31] penso che anche per lui sia stato difficile soffocare le sue origini e che abbia cercato di proteggermi da discriminazioni e umiliazioni. Tuttavia sarebbe stato molto bello se mia nonna avesse potuto raccontarmi la sua storia: chissà, magari avrei pensato che fosse una favola.

Quando guardo il baule dai colori sbiaditi penso con tenerezza a mia nonna, a mio padre, a mia zia ed ai tanti ricordi racchiusi là dentro.

---

26 **addetti**: persone con determinati compiti, mansioni
27 **indossare**: avere addosso, portare
28 **temere**: avere paura

29 **messa alle strette**: rimasta con una sola via d'uscita
30 **talmente**: così tanto
31 **biasimare**: condannare, rimproverare

Jean Farinelli lavora come consulente di marketing e della comunicazione. Ha scritto e pubblicato due libri in italiano. È presidente del Farinelli Consulting Group LLC e della casa editrice Edizioni Farinelli.

Il mio Michelangelo

Elise Magistro

"Solo chi si mette
in cammino
rischia di
sporcarsi le scarpe."

Proverbio popolare

Mio nonno si chiamava Michelangelo. Anch'egli, come il grande Michelangelo fiorentino, era un artista, sebbene modellasse la pelle e non il marmo. Faceva il calzolaio all'inizio del secolo scorso in una piccola cittadina siciliana situata in cima ad una collina. A quei tempi era difficile, se non impossibile, imparare un mestiere in un paese come Sant'Angelo di Brolo, a meno che uno non nascesse in una "situazione"[i] particolare ma questo non era il caso di Michelangelo. Solo il figlio di un artigiano poteva apprendere il mestiere di suo padre che poi avrebbe tramandato ai suoi figli. Talvolta, però, la "fortuna"[ii] poteva alterare il corso del proprio destino. E così fu per Michelangelo Magistro che, all'età di dodici anni, ricevette inaspettatamente in dono la possibilità di un "futuro."

Intelligente e serio, Michele, come molti lo chiamavano abbreviando un nome così impegnativo, avrebbe tanto preferito continuare la scuola. I quattro anni di scuola elementare finanziati[1] dal governo erano appena serviti a far nascere in lui l'amore per lo studio. Con uno straordinario senso di lungimiranza[2] e di ottimismo, i genitori gli avevano permesso di ripetere gli ultimi due anni delle elementari così che potesse trascorrere più anni tra i banchi di scuola. Questa decisione acquista maggiore significato se si considera che il padre di Michele era troppo ammalato per lavorare e buona parte dei pochi soldi che sua madre guadagnava come cuoca presso l'ospedale locale, veniva usata per pagare le preziose dosi di morfina che servivano ad alleviare i dolori causati da una malattia incurabile.

Fu il matrimonio di una prima cugina di Michele con un calzolaio, discendente di una famiglia di calzolai da sei generazioni, ad aprirgli le porte per un migliore status sociale, cosa che raramente avveniva nella società siciliana. "Mastro"[3] Aria aveva accettato di insegnare il mestiere di calzolaio a Michele che, sotto il suo occhio attento ed esperto, imparava rapidamente. Una volta completato il suo apprendistato, cominciò a lavorare e il suo guadagno si aggiunse a quello di sua madre e delle sue sorelle, entrambe sarte molto brave.[iii] Tuttavia, nei successivi dieci anni che videro Michele passare all'età adulta, la situazione economica di molti artigiani santangiolesi era diventata ancora più precaria.

All'inizio del 1900 era cominciato il lento esodo di

---

1 **finanziati**: sovvenzionati, pagati
2 **lungimiranza**: capacità di prevedere lo sviluppo di eventi

3 **mastro**: termine dialettale siciliano che significa "maestro"

santangiolesi verso l'altra sponda[4] dell'Atlantico. Inizialmente restìi[5] a lasciare il loro paese, conosciuto anche come "la piccola Palermo" per la ricchezza delle sue tradizioni e della sua cultura, molti artigiani, sottopagati o disoccupati, si mobilitarono in numero sempre crescente. Una volta arrivati in America, i padri chiamavano i figli e i figli chiamavano i cugini, allungando così l'intricata[6] catena migratoria.

Con la morte di suo padre nel 1906, Michele, ormai ventenne, si trovò a ricoprire il ruolo di capofamiglia senza poter contare su un reddito stabile sufficiente alla sopravvivenza della sua famiglia. Lasciare sole una madre vedova e due sorelle nubili[7] era una decisione carica[8] di rischi nella chiusa società siciliana di quell'epoca. Eppure la famiglia era risoluta[9] e non si lasciò condizionare dai mormorìi e dai pettegolezzi di provincia. In una calda giornata d'autunno, "un giorno di San Martino,"[iv] come molti anni più tardi ricorderà, Michelangelo Magistro, per sempre moralmente indebitato a "Mastro" Aria, si unì alla schiera[10] di calzolai, sarti e muratori che da Sant'Angelo si catapultarono a New York City.

Una foto scattata[11] qualche anno dopo in uno studio fotografico nel Lower East Side, raggiunse il suo maestro in Sicilia. Porta un affettuoso messaggio, appena leggibile per via dell'inchiostro ormai sbiadito dal tempo, ed è umilmente firmato "Suo antico discepolo[12] M. Magistro."

All'arrivo di Michele a Manhattan nel 1909, le quattro miglia quadrate che comprendevano il Lower East Side erano le più densamente popolate del pianeta. Privati delle loro famiglie, senza la lingua e senza alcuna esperienza su come sopravvivere in una metropoli frenetica, gli artigiani santangiolesi si unirono per facilitare il loro inserimento in quel nuovo mondo. Mentre in Sicilia, nel modesto negozio di Mastro Aria, Michele aveva modellato scarpe per i benestanti di Sant'Angelo, ora si trovava ad essere l'ultima ruota del carro[13] nella grande macchina dell'industria dell'abbigliamento, essendo stato assunto[14] in una fabbrica di scarpe in Prince Street. Muratori che avevano costruito le più belle case di Sant'Angelo, adesso lavoravano nei sotterranei del Lincoln Tunnel

4 **sponda**: lato, riva
5 **restìi**: riluttanti
6 **intricata**: complessa
7 **nubili**: non ancora sposate
8 **carica**: piena
9 **risoluta**: decisa, determinata
10 **schiera**: moltitudine, massa
11 **scattata**: fatta
12 **discepolo**: chi impara un'arte da un maestro famoso
13 **l'ultima ruota del carro**: chi non conta, chi non è per niente importante
14 **essere assunto**: essere impiegato in un'azienda o ufficio

mentre tessitori e tintori adattavano l'antica e nobile arte della lavorazione della seta di Sant'Angelo all'industria manifatturiera tessile su grande scala. Anche le mogli e le figlie trovavano lavoro nel settore dell'abbigliamento, mettendo le loro straordinarie abilità di sarte al servizio delle prestigiose ditte di abbigliamento dei Wanamaker and Stearns Brothers.

I santangiolesi s'incontravano frequentemente, avevano formato alcuni club e celebravano regolarmente la festa del Santo Patrono. Tuttavia avevano nostalgia della calma e del verde del loro paese natìo e presto cominciarono a spostarsi verso i quartieri più tranquilli e più a dimensione d'uomo di Brooklyn e del New Jersey. Michele, sistematosi a East Orange, aprì un negozio con un altro calzolaio italiano e, alla fine del 1912, aveva guadagnato soldi sufficienti per pagare il viaggio alla sua sorella più giovane. Con lo scoppio della Prima Guerra Mondiale, il flusso di navi cariche di emigranti era diminuito, ma Michele sperava ancora di poter riunire la sua famiglia. Durante questo periodo Michele incontrò la sua futura moglie, Maria Concetta. Il fratello di Maria Concetta si era a sua volta innamorato della giovane sorella di Michele per cui, nel giro di breve tempo, si celebrarono due matrimoni. Era il 1917. Di colpo,[15] il corso della vita cambiò.

Le centenarie vestite di nero di Sant'Angelo sono ancora oggi diffidenti verso il destino, pronte a dichiarare che la "Fortuna" così come dà, porta via. Tuttavia, le tragedie sopportate[16] da Michele durante i dieci anni dopo aver lasciato Sant'Angelo, furono così sconcertanti che, a sentirle, anche le più stoiche[17] di quelle vecchie sono rimaste incredule e hanno fatto il segno della croce.

Influenza e tubercolosi[v] tolsero la vita[18] alla madre di Michele, alle sorelle piene di spirito e non ancora trentenni e alla sua prima bambina, di soli diciotto mesi. Persino la sua giovane moglie veniva spesso colpita da attacchi violenti di tosse provocati[19] da un funzionamento difettoso delle valvole cardiache che nessun farmaco poteva curare. Decenni più tardi, sul letto di morte, Michele ricorderà tutti i particolari di quel lontano passato, ripetendo le date e le ore di quelle perdite che sono per sempre rimaste impresse nella sua memoria.[20]

---

15 **di colpo:** improvvisamente
16 **sopportate:** sofferte, patite
17 **stoiche:** coraggiose, imperturbabili
18 **togliere la vita:** uccidere
19 **provocati:** causati
20 **rimaste impresse nella sua memoria:** non le ha mai dimenticate

Tuttavia non cedette.[21] Con il tempo il dolore fu mitigato dalla nascita di una figlia e di un figlio. Se molti sogni erano stati frantumati, altri ce n'erano da realizzare. Ancora intatto era il suo amore per lo studio, se non per se stesso, almeno per i suoi figli. Il privilegio di studiare, loro, l'avrebbero avuto. Entrambi dovevano eccellere e le ore non dedicate allo studio sarebbero state dedicate al piano e al violino. Michele sapeva che, dando ai suoi figli un'istruzione al di sopra della norma, correva il rischio di perderli. Tutti i siciliani sapevano questo e molti loro proverbi lo confermano. "Università?" I loro conoscenti scuotevano la testa. Ciononostante, i suoi figli all'università ci dovevano andare. Lavorando il giorno nel negozio e la sera a casa, i suoi capelli imbiancarono prematuramente.

Diplomatico, instancabile[22] e fieramente dedicato alla sua famiglia: ecco come lo ricordano quelli che l'hanno conosciuto.

Mio nonno aveva quasi settant'anni quando io sono nata ed è stato una presenza costante nella mia vita fino al giorno della sua morte. Io avevo diciassette anni allora e avevo appena cominciato ad essere curiosa della vita e del carattere di quest'uomo all'apparenza ordinario che si è sempre accertato che le mie scarpe fossero adeguatamente pulite e lucidate. Non potevo sapere che un gesto così semplice celasse[23] la difficile strada che un modesto calzolaio dovette percorrere per la realizzazione di un sogno.

Mentre scrivo il mio sguardo cade istintivamente sulla foto incorniciata con la firma ormai sbiadita. Mi fermo qualche istante e rifletto sulla straordinaria determinazione che si nascondeva dietro quel volto nel fiore della gioventù.[24] Improvvisamente ho il cuore permeato[25] di tristezza e di rimpianti per non avergli mai espresso la mia gratitudine. Riporto la penna sul foglio con la speranza che raccontare la sua storia possa essere una forma di ricompensa e che ricordarlo in questo modo possa dargli una gioia immensa.

---

21 **cedere**: arrendersi, rinunciare a lottare
22 **instancabile**: che non si stanca mai
23 **celare**: nascondere
24 **nel fiore della gioventù**: molto giovane
25 **permeato**: pervaso, impregnato

Elise Magistro si è laureata in italiano e ha fatto un dottorato di ricerca presso l'U.C.L.A. Insegna allo Scripps College di Claremont, in California. Ha inoltre insegnato e scritto dei saggi sull'emigrazione italo-americana e si reca annualmente in Italia per continuare la ricerca su questo argomento.

Mio
e
non mio

Enoe Di Stefano

intervistata da Concetta Perna

Se Rimarrà Qualcosa...

Se rimarrà qualcosa
di quanto ho scritto e pianto
per chi amo
non sarà stato vano
il mio soffrire.

Forse un ragazzo,
non ancora nato,
leggendo una vecchia
storia d'emigrato
rifletterà un istante
su vicende
di cui nessuno
ha mai voluto parlare.

E poco, anche se poco,
sarà salvato.

Dalla raccolta di poesie "Se Rimarrà
Qualcosa..." di Enoe Di Stefano, 1988

"**Mio e non mio**" è il titolo di una raccolta di poesie scritte da Enoe Di Stefano, scrittrice e poetessa italiana emigrata in Australia, che ha saputo esprimere, con grande sensibilità, il profondo dilemma dell'emigrante: che cosa è mio e che cosa non è mio, appartengo[1] ancora al paese in cui sono nato o sono parte del paese che mi ha adottato?

Enoe è una donna minuta[2] e fragile all'apparenza ma in realtà ha un carattere forte e determinato. La sua voce è leggermente rauca e molto gradevole. Gli occhi sono vispi e le parole controllate. Conserva nel linguaggio l'eleganza e la ricercatezza[3] della lingua italiana di una volta, che ha resistito ai cambiamenti e alle interferenze di altri idiomi.

Enoe parla della sua vita con tono pacato[4] e sereno. Ama l'Australia ed ha accettato da tempo il suo "destino" di emigrante. Tuttavia, dalle sue parole traspare[5] un amore immutato[6] per l'Italia, per le calme acque dell'Adige[7] e per le cime innevate[8] delle Alpi.

Enoe Raffaelli è nata a Rovereto, in provincia di Trento, nel 1921. Faceva la maestra elementare quando incontrò Alfio Di Stefano, un avvocato di origini siciliane ma nato negli Stati Uniti da dove la famiglia era ritornata quando era ancora piccolo. Forse il primo vagito[9] in terra straniera e il ricordo di sua madre che aveva sempre rimpianto di essere ritornata in Italia, devono aver alimentato in Alfio una forma di irrequietezza[10] e di voglia di andare via dall'Italia.

"Erano anni febbrili quelli dell'immediato dopoguerra. I disastri della guerra, la caduta del fascismo, la guerra civile, le città distrutte dai bombardamenti, la precarietà del futuro, avevano creato una confusione tale che nulla aveva senso. In tale situazione l'emigrazione era una conquista perché dava la possibilità di fuggire da questa confusione. Chi poteva emigrare si considerava fortunato."

Ovviamente sarebbe stato desiderio di Alfio ritornare in America ma per questa destinazione c'era una lunghissima lista d'attesa. I giovani Alfio ed Enoe fecero domanda di emigrazione sia per gli Stati Uniti che per l'Australia: avrebbero accettato il primo

1 **appartenere**: fare parte
2 **minuta**: piccola
3 **ricercatezza**: raffinatezza
4 **pacato**: calmo, tranquillo
5 **trasparire**: manifestarsi, rivelarsi
6 **immutato**: costante, inalterato
7 **Adige**: fiume nel Trentino Alto Adige e Veneto
8 **innevate**: coperte di neve
9 **vagito**: pianto di bambini appena nati
10 **irrequietezza**: inquietudine, smania

landing permit che sarebbe arrivato. Il permesso di emigrare in Australia arrivò per primo.

Enoe apparteneva ad una famiglia benestante[11] ed aveva acquisito una buona cultura. Alfio aveva un ottimo lavoro e guadagnava bene per quei tempi. Enoe era confusa e molto divisa sulla necessità di emigrare ma era anche molto innamorata: accettò la decisione di Alfio di partire.

Era il 1949. Il biglietto costò 470.000 lire che corrispondeva allo stipendio di un anno di lavoro di Alfio. Era ovviamente un biglietto *one way*, solo andata.

Si sposarono e sei settimane più tardi erano già sulla Ugolino Vivaldi, una nave merci trasformata in nave passeggeri. C'erano diversi dormitori: quelli per gli uomini da una parte e quelli per le donne dall'altra. Quello fu anche il "viaggio di nozze" di Enoe e Alfio.

Il viaggio molto faticoso sia a causa del mare mosso che delle difficili condizioni a bordo e in più l'ansia per un futuro carico di incertezze, non impedirono a Enoe di ascoltare i compagni di ventura, di osservarli e di cogliere i loro sentimenti più nascosti. "Potevo leggere i pensieri che attraversavano la mente di tutti. Tutti avevamo la stessa espressione sul viso. Tutti vivevamo le stesse apprensioni. Tutti coltivavamo le stesse speranze. Tutti dicevamo che avremmo fatto un po' di soldi e dopo pochi anni saremmo ritornati in Italia."

Enoe ricorda le facce tese[12] e lo sguardo smarrito[13] di tante giovani donne che andavano a "sposarsi per procura."[14] L'illusione di vivere una vita più facile in un paese ricco permetteva loro di accettare per marito un uomo che, molte di loro, non avevano mai conosciuto.

Sulla nave c'erano anche donne e bambini che non vedevano i rispettivi mariti e padri da molti anni. Con lo scoppio della Seconda Guerra Mondiale gli italiani in Australia erano diventati "nemici alieni." Tanti erano rimasti internati per tutta la durata della guerra, abbandonando tutto quello che erano riusciti a costruire fino ad allora. Quando la guerra finì non avevano più nulla, bisognava cominciare daccapo,[15] la solitudine era insopportabile e richiamavano le loro famiglie facendo salti mortali[16] per pagare il

---

11 **benestante**: agiata, ricca
12 **tese**: ansiose, nervose
13 **smarrito**: confuso, disorientato

14 **sposarsi per procura**: celebrare il matrimonio in assenza dello sposo
15 **daccapo**: dall'inizio, di nuovo
16 **salti mortali**: grandi sacrifici

biglietto. C'erano mogli che si ricongiungevano ai mariti dopo anni di silenzio. La guerra aveva ridotto ogni forma di comunicazione. Quelle donne erano visibilmente angosciate: era quasi come iniziare una nuova vita matrimoniale con degli sconosciuti. Senza considerare la sofferenza che provavano per aver lasciato, in molti casi, gli anziani genitori in un paese prostrato.[17] Enoe ricorda in particolare una donna di circa cinquant'anni che aveva quattro figli tra i diciotto e i ventidue anni. Erano piccoli quando il padre era emigrato in Australia. Il più giovane non era neanche nato. La madre in cuor suo sperava solo di non trovare un uomo cambiato, indurito dalla solitudine, dalle amarezze e dalle privazioni di tanti anni di lontananza.

I primi anni a Sydney furono duri. Alfio non poté mai esercitare la professione di avvocato perché la laurea conseguita[18] in Italia non era riconosciuta. All'inizio si adattò a fare qualsiasi lavoro, dal cassiere all'operaio. Enoe, per contribuire al bilancio familiare, dipinse per molti anni statuine religiose di gesso. Bisognava avere un notevole senso di adattamento: la prima casa in cui abitarono era piccola, scomoda e molto modesta. Era di legno ed era appoggiata su alcune colonne di mattoni. Al sorgere del sole si vedevano fili di luce tra le tavole del pavimento. Le pareti erano così sottili che anche un bisbiglio[19] si sentiva dall'altra stanza. La casa, come rifugio protettivo, non esisteva. La leggerezza della casa dava il senso della precarietà della vita. Il primo Natale in Australia Enoe non mandò gli auguri a nessuno perché "non può essere Natale quando c'è un caldo afoso[20] e pesante, mosche e zanzare al posto della neve morbida e candida che lei sogna ogni notte e di cui non parla nemmeno a suo marito."

Poi, fortunatamente, le cose andarono meglio. Alfio cominciò un'attività di importazione e di distribuzione di vini e liquori italiani che permise alla sua famiglia di acquistare una bella casa e di vivere senza preoccupazioni economiche. Hanno avuto due figli che oggi sono perfettamente inseriti nella comunità australiana.

Libera dall'assillo[21] finanziario, Enoe poté finalmente dedicarsi alle cose che le stavano più a cuore:[22] al giornalismo, alla passione per la scrittura e ai servizi sociali e culturali a favore della comunità italiana.

---

17 **prostrato**: indebolito, stremato
18 **conseguita**: ottenuta, presa
19 **bisbiglio**: mormorìo, sussurro
20 **afoso**: soffocante, insopportabile

21 **assillo**: preoccupazione, tormento
22 **stare più a cuore**: essere più importanti

Nel 1950 cominciò la sua collaborazione con il giornale italo-australiano *La Fiamma*. Enoe curò la rubrica "L'angolo di Gianna" nella quale trattava argomenti di interesse per le donne italiane. Riceveva molte lettere da tantissime donne, la pregavano di aiutarle a trovare il modo di ritornare in Italia, la vita era insopportabile e non potevano immaginare di viverla interamente in Australia. Enoe non trovava le parole per consolarle. "Lei" aveva accettato la sua condizione di "nuova australiana." Era riuscita, attraverso tormentati percorsi interiori, a superare la fase più critica e a non farsi consumare dalla nostalgia per la sua città e per le persone care. Si creava continuamente degli scopi e, aiutando la comunità italiana, dava un senso alla sua scelta di emigrare, dava una risposta alla domanda: "Perché il destino mi ha portata in una terra così lontana?" Le chiedevano: "Perché Lei non piange? Noi piangiamo tutti i giorni." Enoe cercava di dare loro segni di speranza e di ottimismo, le aiutava a costruire un ponte con la cultura australiana, le incoraggiava a trovare degli interessi, dava suggerimenti nei rapporti con i figli. Con quei figli così difficili da capire, divisi e confusi dalla coesistenza delle due realtà, quella rigorosamente italiana tra le pareti domestiche e quella australiana fuori di casa. L'una negava l'altra. Enoe rispondeva sul giornale alle lettere che avevano un interesse generale e privatamente a quelle che richiedevano maggiore discrezione. La voce di Enoe diventa quasi impercettibile[23] quando aggiunge che purtroppo molte donne, soprattutto quelle che vivevano in zone isolate, diventavano alcolizzate.

Durante il suo impegno nell'assistenza agli italiani, Enoe scoprirà con gioia che molti di quei "matrimoni per procura"[i] erano "miracolosamente" durati. Apprenderà anche un altro aspetto interessante di questo fenomeno. Le "promesse spose" che provenivano dal Sud generalmente sposavano i "promessi sposi," anche se questi non erano di loro gradimento. Quelle che provenivano dal Nord, invece, se i giovanotti non incontravano le loro aspettative, trovavano il coraggio di rifiutare le nozze e di affrontare l'avventura australiana da sole.

Enoe si è dedicata con tutta se stessa alla promozione della cultura e della lingua italiana.

Si è battuta per l'inserimento dei corsi d'italiano nelle scuole australiane. Non si è mai stancata di ripetere dai microfoni della

---

23 **impercettibile**: bassa, appena percepibile

radio e dal giornale che l'insegnamento dell'italiano ai figli degli immigrati rappresentava un veicolo indispensabile per trasmettere loro la consapevolezza e l'orgoglio del loro retaggio culturale.

Enoe, nel pieno della sua maturità, ha riscoperto la sua vocazione giovanile per la poesia, soffocata per tanti anni. Ha trovato così una "nuova ragione di vita, una nuova via da percorrere e soprattutto una nuova sfida." Ha pubblicato cinque volumi di poesie e diversi romanzi che hanno vinto premi prestigiosi in Italia. Oltre ad avere un notevole valore letterario, i suoi scritti costituiscono una preziosa testimonianza degli aspetti umani "dell'antica e sempre nuova vicenda dell'emigrazione."

"Mi sono sempre domandata perché il fato abbia voluto dividere la mia vita tra i due mondi. Oggi non me lo chiedo più...i legami[24] con la terra madre si sono attenuati[25].... È rimasta l'inquietudine, anzi l'angoscia della mia identità, il conflitto tra le due madri...a chi appartengo, con quale delle due madri mi posso meglio identificare....Non ho ancora trovato una risposta e penso che non la potrò trovare mai perché...non esiste."

---

24 **legami**: rapporti
25 **attenuati**: assottigliati, alleggeriti

Enoe Di Stefano ha vinto molti premi letterari ed è molto conosciuta nella comunità italo-australiana per il suo volontariato sociale. Ha organizzato l'insegnamento dell'italiano per i figli degli immigrati. Questa è la sua storia così come l'ha raccontata a Concetta Perna.

Attraverso gli occhi di mio nonno

Pat Ciarrocchi

*"Sono venuto
in America perché
mi avevano detto
che le strade
erano pavimentate d'oro.
Quando sono arrivato qui
ho scoperto tre cose:
primo, le strade non
erano pavimentate d'oro;
secondo, le strade non
erano pavimentate affatto;
terzo, aspettavano me
per pavimentarle."*

Emigrante anonimo italiano
del secolo scorso

I fiori sono sempre stati il mio piccolo omaggio per lui. Non ho mai provato la gioia di regalargli una cravatta o un maglione, i regali che normalmente si fanno ai nonni. Del resto[1] i fiori sono il regalo più appropriato, dato che li depongo[2] davanti ad una tomba.

Mi è mancato sedermi sopra le sue ginocchia. Mi è mancata la sua risata. Ma non credo che mi sia mai mancato il suo amore. Anche se non ne ho avuta testimonianza tangibile, sono convinta che lui mi ama. Conosco i suoi occhi neri come il carbone, intelligenti, vivi. Mi raggiungono attraverso l'etere del tempo, dalla fotografia ovale incorniciata che mia nonna Giulia ha posto sulla lapide.[3] Voleva che noi conoscessimo il nonno così come lei lo aveva conosciuto.

Mio nonno si chiamava Antonio Branella. Per me lui è sempre stato *Pop-Pop Tony*. Era questo vezzeggiativo[4] che Mary, mia madre, usava quando mi parlava di lui. Neppure mia madre lo ricorda molto perché aveva solo due anni quando suo padre perse la vita in un incidente sul lavoro.

Così comincia la storia della mia famiglia.

Era l'inizio degli anni venti. Antonio viveva a Nereto, un piccolo paese a est di Teramo, in Abruzzo. La sua casa si trovava a poche miglia dal mare Adriatico. Stava ormai diventando un uomo e doveva decidere il suo futuro. Come molti altri giovani, Antonio era assetato[5] di avventura. Faceva parte di una generazione nata in una realtà contadina ma desiderosa di conoscere il mondo. La sorella di Antonio e suo marito erano già partiti per l'America. Antonio li seguì dopo non molto. Il suo cuore, tuttavia, era legato al suo paese. Giulia era lì ad aspettarlo.

Giulia Baldini era timida ma le brillavano gli occhi di gioia, soprattutto quando guardava Antonio. Si erano incontrati a Nereto, presentati dalle loro rispettive famiglie. Antonio aveva tredici anni più di lei. Questo le dava sicurezza. Giulia amava il senso dell'umorismo di Antonio. Faceva ridere tutti. Lo chiamavano addirittura[6] Charlie Chaplin. Lei sapeva che la sua promessa di matrimonio era sincera. Aspettò con ansia che ritornasse da lei. Ritornò, dopo non molto tempo.

Nel giugno del 1927 Antonio e Giulia si sposarono nella piccola chiesa color terracotta, situata nella piazza dove Giulia

---

1 **del resto:** d'altra parte, d'altronde
2 **deporre:** posare
3 **lapide:** pietra tombale
4 **vezzeggiativo:** espressione affettuosa
5 **assetato:** avido, desideroso
6 **addirittura:** nientemeno

giocava da bambina. Alcuni giorni dopo erano sulla nave alla volta[7] dell'America. Poiché la sorella di Antonio era già emigrata in America, avevano un posto dove poter cominciare la loro vita insieme. Dopo una breve permanenza a Wilmington, Delaware, la giovane coppia venne a sapere che nella città industriale di Coatesville, in Pennsylvania, c'era lavoro per Antonio. Non aveva mai visto un'acciaieria.[8] La gigantesca industria *Lukens Steel* aveva trasformato Coatesville in una città d'acciaio. Le ciminiere delle fornaci sprigionavano[9] fumo nero che segnalava che una nuova America stava sorgendo.

Veniva costruita con l'acciaio.

Antonio sentì che quello era il lavoro della sua vita. Non fu tuttavia la vita che lui e Giulia avevano programmato o avrebbero mai immaginato. Avevano trascorso i primi anni a cercare di capire l'America, di adeguarsi alla sua cultura, di "americanizzarsi." Avevano acquistato una piccola casa, non lontano dall'acciaieria; avevano fatto amicizia con altre giovani coppie e avevano aspettato con gioia la nascita della loro prima creatura, una bambina, a cui diedero il nome Mary. Diciotto mesi più tardi, Antonio salì di corsa le scale di casa sua per sentirsi annunciare che aveva anche un figlio maschio.

Mentre Giulia tirava su amorevolmente la sua giovane famiglia, Antonio imparava a lavorare l'acciaio. L'industria dell'acciaio aveva bisogno di uomini giovani e forti. L'ondata migratoria di quegli anni "forniva"[10] un considerevole numero di italiani, polacchi e slovacchi desiderosi di imparare qualsiasi mansione[11] fosse necessaria. Alla fine di ogni settimana veniva consegnata loro la busta-paga. Questa era l'America: il paese delle opportunità, il posto dove i sogni potevano essere alimentati e, senza alcun preavviso, potevano essere frantumati[12] in mille pezzi.

Il sogno di Giulia si spezzò il 22 marzo del 1930. Conoscendo il loro amore, immagino il saluto e il bacio di mio nonno a sua moglie e ai suoi bambini. Immagino che abbia portato il sapore di quel bacio con sè nell'acciaieria quel giorno. A Giulia non fu mai rivelato cosa avvenne esattamente. Questo è tutto quello che sappiamo.

7 **alla volta**: diretti verso, in direzione
8 **acciaieria**: industria per la lavorazione dell'acciaio
9 **sprigionare**: emettere, emanare
10 **fornire**: dare, provvedere
11 **mansione**: compito, incarico
12 **frantumati**: rotti, spezzati

Due uomini stavano lavorando in una galleria sotterranea quando furono investiti[13] da fumi di gas naturale. Mio nonno avvertì le loro urla[14] disperate e senza esitare scese portando in salvo il primo uomo...e poi il secondo. Quando cercò di raggiungere la superficie per mettere in salvo se stesso, fu sopraffatto dai fumi di gas. Nessuno andò a salvarlo. Così come nessuno è mai riuscito a salvare da un dolore lacerante[15] la sua giovane famiglia. Sua moglie Giulia, che aveva appena ventisei anni, sua figlia Mary, di soli due anni e il figlioletto di sei mesi, Anthony, lo hanno per sempre ricordato come un eroe.

Era il 1930. I sogni di tanti americani erano crollati sotto la morsa[16] della Grande Depressione. Antonio e Giulia erano riusciti a mantenere vive le loro speranze grazie all'amore che li univa, ma ora che Antonio non c'era più il sogno americano di Giulia era completamente distrutto. Giulia non ebbe altra scelta che ritornare a Nereto, il suo piccolo paese in Abruzzo, dove avrebbe almeno ricevuto conforto dalla sua famiglia.

Ad attenderla c'erano una casa in campagna, i genitori, quattro fratelli e le tre sorelle, la più giovane delle quali aveva le mani d'oro quando prendeva ago e filo.[17] Le sorelle di mia nonna raccontano che lei pianse ogni giorno per un intero anno. Lacrime che sembravano rovesciarsi in un fiume. Il dolore opprimente era reso ancora più insopportabile dall'incertezza del futuro. Come fa una vedova con due bambini piccoli a ricostruire una vita dai pezzi di un sogno incompiuto? Nereto divenne il rifugio di Giulia. C'erano tante ferite da cui guarire.

Giulia rigirava instancabilmente[18] nella sua mente i progetti di vita che aveva condiviso con mio nonno. Com' è potuto succedere? Come ha potuto Dio permettere che avvenisse una simile tragedia? Un futuro che sembrava ricco di promesse si era trasformato in una grande delusione. Lei continuava a cercare una risposta alle sue domande.

Mia nonna mi raccontava di quando saliva sul balcone del secondo piano della casa di campagna. Ad ovest poteva scorgere[19] la catena montuosa del Gran Sasso dalla sagoma[20] a lei tanto cara e familiare. Ad est, l'azzurro intenso del Mare Adriatico. In qualche

---

13 **investiti**: sopraggiunti, assaliti
14 **urla**: grida
15 **lacerante**: che ferisce molto, straziante
16 **morsa**: oppressione, peso
17 **prendere ago e filo**: ricamare o cucire

18 **instancabilmente**: senza sentire stanchezza o bisogno di riposo
19 **scorgere**: intravedere, riconoscere
20 **sagoma**: profilo, forma

modo, in quello spazio tra le montagne e il mare, le sue lacrime giunsero[21] ad una fine. Si esaurirono.[22]

Quando finalmente potè guardare con occhi limpidi le facce dei suoi figli, vide in esse Antonio. Mary ed Anthony si erano guadagnati, con la loro nascita in America, il diritto di essere cittadini americani. In cuor suo Giulia aveva di nuovo fatto una scelta. Sapeva che doveva ritornare in America. Il destino la riportò indietro con i suoi due bambini.

Mia nonna non mi ha mai parlato del suo coraggio e delle sue paure. Mi ha parlato della sua vita con semplicità, senza abbellirla o giudicarla. La modestia era la sua caratteristica principale. Nonostante si fosse sposata di nuovo e avesse dato vita ad altri tre bambini, lei portò sempre con sè il tesoro di un amore vero, il suo primo marito Antonio. Il loro era un amore che superava l'oceano e il tempo. Pochi oggetti rimangono di quei preziosi anni. L'anello di matrimonio di Antonio ed alcuni brandelli del vestito da sposa di Giulia.

Quando raggiunsi gli anni della maturità chiesi a nonna Giulia se potevo avere qualcosa di suo da conservare come ricordo. Un giorno la nonna arrivò a casa mia con un pacchetto di carta marrone in mano. L'aprì con cura e tirò fuori un centrino di lino bianco ordinatamente piegato, largo circa mezzo metro, con un bordo di fiori ritagliati dalla stessa stoffa. Tutte le maglie che rifinivano il merletto erano ancora intatte. Era bellissimo. Appresi[23] che era stato un regalo di Antonietta, la sorella più giovane di Giulia. La sorella dalle mani d'oro quando prendeva ago e filo. Aveva ricamato il centrino per ornare il comò[24] di mia nonna ed era il suo regalo di nozze per il matrimonio con Antonio.

Durante tutti quegli anni nonna Giulia non aveva mai mostrato a nessuno questo centrino. Quel giorno a casa mia, mi confidò che l'aveva conservato gelosamente per più di sessant'anni. Era il filo che l'aveva tenuta legata ai suoi sogni con Antonio.

Adesso i miei omaggi floreali sono per due. Mia nonna ci ha lasciati poco dopo il suo ottantesimo compleanno, nel 1985. Il centrino è incorniciato e rappresenta il legame di questa nipote di emigranti italiani al potere del destino, dell'amore, del coraggio che inondarono[25] gli occhi e l'anima di Giulia, di Antonio e di milioni di persone che condivisero il loro stesso sogno.

---

21 **giungere**: arrivare
22 **esaurirsi**: consumarsi completamente
23 **apprendere**: sapere, capire

24 **comò**: cassettone per la biancheria
25 **inondare**: riempire, pervadere

Pat Ciarrocchi, famosa giornalista televisiva di Filadelfia, in
Pennsylvania, crede che vi sia un messaggio universale in ogni storia.
La sua comprensione dell'esperienza migratoria italiana è stata
alimentata dai racconti dei nonni che emigrarono negli Stati Uniti
in cerca di opportunità.

I miei primi centun anni

Storia di una donna che ha assistito a due guerre mondiali, ad eventi che hanno cambiato il mondo, all'11 settembre ed ha vinto la sfida dell'emigrazione.

Maria Trovato
intervistata da Concetta Perna

"La storia dell'Australia rappresenta un capitolo importante della storia dell'emigrazione... sette mari possono dividere l'emigrante dalla sua patria ma egli non scuoterà mai del tutto la polvere della sua patria dai suoi piedi."

R.M.Crawford
Storico australiano, 1950

La sua è un'eleganza naturale, quella che non si acquista. Ha il volto sereno, i lineamenti gentili, i capelli candidi,[1] le mani garbatamente[2] appoggiate sul grembo. Una fede[3] sottilissima si muove liberamente su un dito molto magro. Non la toglie da settantacinque anni. Non dev'essere molto alta, è seduta su una sedia a rotelle,[4] ma il suo corpo è longilineo, aristocratico, le spalle dritte aggiungono dignità alla sua figura. La pelle del viso è fresca e trasparente, raggi di luce attraversano gli occhi chiari e intelligenti. Mentre ripercorre le tappe[5] della sua lunga vita, i contorni del suo bel viso si sfumano,[6] e, come spesso succede al cinematografo, si dissolvono e riacquistano magicamente l'antica giovinezza.

Ha centun anni e la lucidità di una ragazzina.

Maria Trovato è nata a Guardia Mangano in provincia di Catania il 12 novembre del 1903. Era la seconda di otto figli. La sua non era una famiglia povera. Se per "non essere poveri" s'intende che non soffrivano la fame. "Noi stavamo bene; a casa mia lavoravamo e mangiavamo tutti i giorni." Suo padre non aveva mai voluto che Maria andasse a lavorare nei campi: i suoi fratelli e le sue sorelle erano adatti al duro lavoro della campagna, ma lei no, lei era troppo delicata per sporcarsi le mani a contatto con la terra.

Maria imparò pertanto le arti della perfetta donna di casa: cucire, ricamare, cucinare, curare i fratellini e badare ai lavori domestici.

La sua bellezza e la sua femminilità non passavano inosservate. Aveva suscitato l'attenzione di tanti giovanotti del paese tra cui Rosario, il più caparbio e il più determinato ad averla in sposa. All'inizio Maria non contraccambiava i sentimenti di Rosario, era ritrosa[7] e sorda ad ogni sua preghiera. Lo rifiutava anche perché era solo un contadino e non voleva finire a vivere in campagna.

Rosario, deluso e scoraggiato, emigrò in Australia dove per quattro anni tagliò canne da zucchero nelle sconfinate[8] piantagioni del Queensland. Il ricordo di Maria era vivissimo e il senso di solitudine insopportabile. Il caso volle che tra le migliaia di tagliatori di canne Rosario conoscesse proprio uno zio di Maria. Rosario non si lasciò sfuggire[9] l'occasione e lo supplicò di scrivere una lettera al padre di Maria affinché convincesse la figlia a sposarlo. "Mio zio scrisse una lettera a mio padre e Rosario ne scrisse una a me.

---

1 **candidi**: bianchi
2 **garbatamente**: con grazia
3 **fede**: l'anello del matrimonio
4 **sedia a rotelle**: sedia con le ruote usata da persone con difficoltà di movimento
5 **tappe**: i momenti più importanti
6 **sfumarsi**: attenuarsi, dissolversi
7 **ritrosa**: riluttante, restìa
8 **sconfinate**: infinite, immense
9 **lasciarsi sfuggire**: perdere

Quando lessi la lettera accorata[10] di questo giovane di colpo sentii dentro di me che dovevo sposarlo perché quello era il mio "destino."

Rosario ritornò a Guardia e si sposarono subito dopo. Era il 1929, l'anno della Grande Depressione che mise in ginocchio l'America ed il resto del mondo.

Rosario non resistette molto in Sicilia. Gli fu subito chiaro che tutti i sacrifici di questo mondo non lo avrebbero mai riscattato[11] dalla miseria e dalla fame.

In una tiepida sera di primavera Rosario annunciò la sua decisione di ritornare in Australia. Partì da solo perché non aveva ancora fatto l'atto di richiamo[12] per Maria e per il piccolo Vincenzo, di otto mesi.

Maria non era l'unica "vedova bianca" del suo paese. Il suo nome si unì ad una lista lunghissima di giovani mogli che si rassegnavano ad un'attesa estenuante[13] che poteva durare anche molti anni, prima di riuscire a mettere insieme i soldi per il biglietto e di ottenere il diritto al ricongiungimento familiare.

Il 7 aprile del 1932 Vincenzo compì due anni e il giorno dopo Maria e Vincenzo s'imbarcarono per l'Australia. Maria porterà per sempre con sè il ricordo del lungo e stretto abbraccio di suo padre al porto di Napoli, mentre le diceva, con la voce rotta da un pianto inconsolabile, che l'abbracciava per l'ultima volta. Maria non riabbracciò mai più suo padre che morì otto anni dopo la sua partenza.

Durante i trentaquattro giorni di navigazione su una vecchia nave di bandiera australiana, Maria provava spesso ad immaginare la sua nuova vita. Non si faceva illusioni, non si aspettava grandi cose e credeva di essere preparata a tutto. Non fu così. Non poteva essere preparata alle condizioni primitive che trovò a Ingham, un posto sperduto nel mezzo di piantagioni di canne da zucchero, nel Nord Queensland.

Abitarono per qualche anno in un'azienda agricola i cui proprietari erano tre fratelli italiani di mezza età, nessuno di loro era sposato. Cucinava per sette persone tutti i giorni preparando la pasta fatta in casa, faceva il bucato[14] al ruscello,[15] accudiva[16] alle faccende di casa. "Mi pagavano ventotto scellini alla settimana, ci compravo i

---

10 **accorata**: triste, afflitta
11 **riscattare**: liberare
12 **atto di richiamo**: atto con cui un emigrato sponsorizza parenti o amici che vogliono emigrare
13 **estenuante**: sfibrante, stancante
14 **fare il bucato**: lavare i panni
15 **ruscello**: rigagnolo, piccolo corso d'acqua
16 **accudire**: aver cura, occuparsi

vestitini per i bambini e i francobolli per spedire le lettere ai miei familiari in Italia." Nel frattempo mise al mondo[17] due figlie, Nancy e Teresa.

Finalmente presero in affitto un piccolo pezzo di terra dove c'era una baracca[18] di legno che divenne la loro casa per molti anni e che, nelle lunghe e torride[19] estati dell'entroterra australiano, diventava rovente, umida e impestata di mosche e zanzare. Intorno, il nulla. Maria passava intere giornate senza parlare e senza vedere un'anima viva. Rosario aveva trovato lavoro come cuoco nel campeggio dei tagliatori di canna. Partiva il lunedì mattina e tornava il sabato sera. L'esasperante solitudine e la vastità del posto mettevano a dura prova[20] la capacità di sopravvivenza di questa povera donna. Tuttavia non si perdeva mai d'animo,[21] non inveiva[22] mai contro la "cattiva sorte." La profonda fede in Dio le dava la forza di andare avanti. Di giorno Maria curava l'orto che le procurava le verdure e di notte rammendava[23] i poveri vestitini dei bambini facendosi luce con la lanterna ad olio. "A quei tempi si rattoppava tutto, fino a quando non rimaneva neanche un pezzo di stoffa senza buchi." Di giorno ammazzava con le mani i vermi e gli insetti che danneggiavano le verdure: non c'erano pesticidi. Di notte rammendava al lume della lanterna posata per terra: doveva controllare che non entrassero i serpenti. Un occhio al calzino bucato, uno alla grossa fessura[24] tra la porta e il pavimento. Che però non era un vero pavimento: consisteva di assi di legno appoggiate su colonne di mattoni alte meno di mezzo metro. I serpenti erano un serio problema. Oltre a mettere in pericolo la vita di Maria e dei bambini, strozzavano[25] le galline che rappresentavano l'unica fonte di proteine per la sua giovane famiglia.

Il peggio non era ancora arrivato. Lo scoppio della Seconda Guerra Mondiale trasformò automaticamente gli italiani in nemici per cui molti furono internati. Ancora una volta migliaia di donne, rimaste sole, dovettero rimboccarsi le maniche[26] e lottare con tutte le loro forze per non lasciarsi travolgere[27] dagli eventi.

Questa stessa sorte toccò[28] a Maria: Rosario rimase internato per due anni e mezzo durante i quali Maria e i tre figli vissero nella

17 mettere al mondo: generare, dare la vita
18 baracca: capanna
19 torride: caldissime, infuocate
20 mettere a dura prova: dimostrare resistenza a situazioni difficili
21 perdersi d'animo: scoraggiarsi
22 inveire: rivolgersi contro, sfogare l'ira
23 rammendare: ricucire, rattoppare
24 fessura: interstizio, spazio
25 strozzare: strangolare, uccidere
26 rimboccarsi le maniche: darsi da fare, impegnarsi
27 lasciarsi travolgere: farsi sopraffare
28 toccare: capitare, accadere

fattoria, isolati dal resto del mondo. Nelle rare lettere che arrivavano dall'Italia le notizie non erano più incoraggianti. Le avevano infatti comunicato che Giovanni, uno dei suoi quattro fratelli, tutti sotto le armi, era stato fatto prigioniero in Germania. Per qualche tempo Maria fu tenuta completamente all'oscuro[29] di tutto. Disperata scrisse una lettera alla madre pregandola di darle notizie di Giovanni. La madre rispose testualmente[30] così: "Figlia mia, vorrei tanto darti notizie di tuo fratello ma io sto ancora aspettando un biglietto con su scritto: 'Cara madre, sto bene!'" Quando Maria lesse quella lettera promise a se stessa che, purché sua madre avesse potuto rivedere il figlio sano e salvo, avrebbe mandato ogni anno, per il resto della sua vita, un'offerta all'orfanotrofio di Sant'Antonio a Padova. "Quei soldi li toglievo dalla bocca dei miei bambini, ma non è mai passato un Natale senza mandare un'offerta agli orfanelli."

Un bigliettino in cui si leggeva "Cara madre, sto bene!" precedette solo di qualche giorno il ritorno di Giovanni a casa. La guerra era finita e anche Rosario tornò.

Erano ritornati al punto da cui erano partiti.

Abbandonarono la campagna. Nel frattempo il figlio Vincenzo era diventato un giovanotto e decise di aprire un bar. "L'attività andò bene e siamo ritornati a vivere da "cristiani."[31]

"Ho centun anni e, con la grazia del Signore, non sono mai stata in ospedale. Non ci vedo molto bene e ogni tanto soffro di un po' di bruciore allo stomaco. Il dottore dice che la causa è lo stress che ho accumulato durante gli anni nella *farma*, nella fattoria. E poi, cosa vuoi...la vecchiaia.... Ormai non esco più e non posso andare all'ufficio postale, ma *that's alright,* non importa, mio figlio Vincenzo, che ha settantaquattro anni, spedisce ogni Natale l'offerta all'orfanotrofio di Sant'Antonio...."

Maria mi parla da quasi tre ore ma non mostra alcun segno di stanchezza. La chiamano per il pranzo. L'accompagno nella sala da pranzo spingendo la sedia a rotelle. Prima di cominciare a mangiare beve un bicchiere di acqua calda: "Mi aiuta lo stomaco, *you know....*" Le sorrido divertita, le dico "grazie" e accarezzo quelle mani che avrebbero dovuto solo cucire e ricamare. Quelle

---

29 **tenere all'oscuro**: non far sapere niente, non dare nessuna notizia

30 **testualmente**: letteralmente, parola per parola

31 **cristiani**: in dialetto siciliano significa "esseri umani"

mani che non avrebbero mai dovuto sporcarsi a contatto con la terra.

Le do un bacio di saluto sulla guancia. Ho il cuore gonfio[32] di tenerezza. Mi domanda: "Te ne vai già? Aspettami, io mangio in fretta. Non ho finito...ho ancora tante cose da raccontarti."

Lo so. Centun anni sono tanti. L'ho aspettata.

---

32 **gonfio**: pieno, traboccante

Maria Trovato ha la saggezza accumulata in un secolo di vita e la lucidità per tramandarla con grazia e semplicità. Vive nel Villaggio Scalabrini di Allambie Heights (Sydney, Australia), circondata dall'affetto di quelli che hanno il privilegio di conoscerla. Questa è la sua storia così come l'ha raccontata a Concetta Perna.

Chi ti dà il pane chiamalo padre

Anna D'Agostino
intervistata da Concetta Perna

---

*"Venga l'Eccellenza Vostra,
venga nelle nostre case,
e vedrà lo stato miserevole
in cui siamo,
vedrà che non vita di uomini,
ma quasi di bestie meniamo.
Vedrà la miseria grande,
la pazienza più grande
della miseria."*

*Messaggio che seicento lavoratori
di Potenza (Basilicata) inviarono nel
1902 al deputato Giuseppe Zanardelli
che stava conducendo un'indagine
sulle condizioni socio-economiche
dell'Italia meridionale.*

"**M**ia madre mi diceva sempre 'chi ti dà il pane chiamalo padre,'" risponde Anna quando le chiedo se ha mai rimpianto[1] di essere stata portata in Australia dai suoi genitori. "L'Australia ha dato il pane alla mia famiglia ma è stata difficile, la nostra vita, molto difficile," ripete più di una volta con voce sommessa.[2] "La vita era difficile per tutti, non solo per noi. Erano tempi duri, quelli."

Sant'Ilario, un piccolo paese in provincia di Reggio Calabria, nel cuore della Locride, non offriva certamente molto pane quando Anna venne alla luce[3] nel 1924, ultima di nove figli e figlia di una mamma già anziana per quei tempi. Sua madre, Carmela Armeni, aveva quarantaquattro anni quando arrivò "questo dono di Dio" e, benché inaspettato, fu accettato con infinito amore e accolto a condividere il cibo già molto scarso per una famiglia così numerosa.

Quel "dono di Dio" oggi è una donna energica e fiera.[4] Non dimostra i suoi ottant'anni e ha lo sguardo sereno e risoluto di chi ha combattuto molte battaglie, non tutte vinte ma certamente affrontate con coraggio.

Vive da sola in un appartamento molto accogliente[5] e decoroso in cui tutto è italiano, dalla caffettiera napoletana sui fornelli ai vasi di gerani sul balcone. In un angolo del salotto, su un tavolino coperto da una tovaglia raffigurante la Calabria, fanno bella mostra[6] le foto-ricordo dei suoi figli e dei suoi nipoti.

Quando Anna si abbandona ai ricordi, si lascia andare come un fiume in piena.[7] Più che parlare di sè preferisce parlare di sua madre. Dalle sue parole traspare il rispetto e l'ammirazione profonda che nutre per lei.

Carmela veniva da una famiglia benestante in quanto suo padre aveva lavorato alla costruzione del Canale di Suez. Era tornato a casa con dei risparmi che aveva investito nell'acquisto di alcune proprietà. Carmela era quindi "un buon partito"[8] e avrebbe potuto fare un buon matrimonio. Sposò Luigi D'Agostino che era da qualche anno tornato a Sant'Ilario dall'America dove era andato sia per cercar fortuna sia per sfuggire alla guerra. Durante la Prima Guerra Mondiale, infatti, era emigrato a Filadelfia e aveva lavorato insieme a centinaia di altri italiani nelle miniere di carbone.

---

1 **rimpiangere**: ricordare con nostalgia qualcosa che si è perduto
2 **sommessa**: bassa
3 **venire alla luce**: nascere
4 **fiera**: orgogliosa
5 **accogliente**: ospitale, piacevole
6 **fare bella mostra**: essere esposte
7 **lasciarsi andare come un fiume in piena**: parlare senza mai fermarsi
8 **un buon partito**: persona che costituisce un'ottima occasione di matrimonio

Aveva guadagnato molto ma aveva sperperato[9] tutto. Era un bell'uomo e gli piaceva "la dolce vita."

Carmela, con la dote[10] che suo padre le aveva dato, sperava di avviare[11] un'attività con suo marito. Investirono dei soldi in una piantagione di patate. Il primo raccolto fu un vero disastro. Questo riaccese in Luigi la smania di emigrare. Carmela lottò in tutti i modi per convincerlo a resistere: "Meglio mangiare pane e cipolla a casa propria che emigrare!" gli ripeteva.

Luigi aveva nel sangue lo spirito dell'emigrante e dell'avventura. Nel 1928 decise di emigrare in Australia.

Carmela era disperata perché era molto legata[12] ai suoi anziani genitori e non li avrebbe lasciati per nessuna ragione al mondo. Benché avesse una sorella più giovane, sapeva che non poteva contare su di lei poiché sofferente d'asma.

"Partirò solo quando i miei genitori non ci saranno più" ripeteva a Luigi nella speranza di convincerlo a cambiare idea. "Se li abbandono sento che non avrò mai pace per il resto della mia vita." Luigi fu irremovibile. Lasciò Carmela a Sant'Ilario con cinque dei nove figli che avevano avuto, quattro erano morti, e con i genitori già ottantenni e bisognosi di cura e attenzioni.

Anna, pur essendo molto piccola, ricorda vividamente il lavoro duro di sua madre durante i lunghi sette anni prima di raggiungere il marito in Australia.

"La giornata di mia madre cominciava alle tre e mezzo del mattino quando si alzava per fare il pane, per poi andare in campagna e portare avanti i lavori che normalmente incombevano su mio padre. "Tutto era sulle spalle di mia madre" continua Anna, "la mietitura,[13] la vendemmia,[14] la raccolta delle olive, l'orto, la casa, la cura dei figli, dei suoi genitori e anche dei suoceri."

Quando i genitori morirono, Carmela vendette le poche proprietà per pagare il viaggio per sé e per tre dei suoi figli. Ancora una volta la vita la mise a dura prova[15] perché dovette lasciare alle spalle una figlia, che si era nel frattempo sposata, e un figlio che, con orgoglio e determinazione, aveva giurato a sua madre che "non avrebbe mai fatto l'emigrante" e che non sarebbe mai andato in Australia a trovarla, neppure se glielo avesse chiesto in punto di morte. Era anche il suo unico figlio maschio.

---

9 **sperperare**: dilapidare, spendere male
10 **dote**: quantità di beni che la sposa portava al momento del matrimonio
11 **avviare**: cominciare, intraprendere
12 **legata**: affezionata, attaccata

13 **mietitura**: lavoro per tagliare il grano
14 **vendemmia**: lavoro per raccogliere l'uva
15 **mettere a dura prova**: dimostrare la resistenza a situazioni difficili

Carmela riempì tre bauli: vi mise tutto quello che aveva. Era il 1935. Aveva compiuto da poco cinquantaquattro anni.

Carmela e le tre figliole, Anna di dieci anni, Maria di dodici e Giuseppina di ventuno, ricevettero il primo colpo[16] al porto di Napoli prima di salire a bordo della nave "Remo." Furono sottoposte[17] insieme a centinaia di altri passeggeri a una doccia comune e al controllo dei pidocchi. Carmela si sentì offesa ed umiliata.

In compenso l'intero viaggio fu un po' una specie di crociera. Anna ricorda di aver assaggiato per la prima volta le banane in quest'occasione. Le aveva viste al porto di Napoli prima della partenza. L'avevano incuriosita molto e aveva chiesto a sua madre di comprargliene una. Carmela non aveva potuto accontentarla[18] perché aveva solo pochi spiccioli[19] in tasca. Durante una delle fermate in uno dei tanti porti, degli indigeni portarono a bordo dei cesti di banane per i passeggeri della terza classe e delle aragoste per quelli della prima classe. Anna non credette ai suoi occhi. Non importa se non le diedero le aragoste, lei voleva le banane! Anna ricorda anche che il cuoco sulla nave era di Gerage, un paese vicino a Sant Ilario e si era preso una cotta[20] per Giuseppina, la sua sorella maggiore. Ogni giorno il cuoco dava ad Anna dei dolcetti da dare a sua sorella e ovviamente ce n'era sempre qualcuno anche per lei. "Ho ancora in bocca il gusto di quei *buns*; erano così buoni...non avevo mai mangiato dei dolci prima," sussurra[21] Anna con un sorriso malizioso e compiaciuto. Nulla successe tra il cuoco e Giuseppina. In compenso,[22] durante il lungo viaggio, Anna ricevette un trattamento davvero speciale.

Carmela dimostrò coraggio, fierezza e intelligenza anche nel modo in cui affrontò la sua nuova vita a Sydney. La situazione che vi trovò era molto meno rosea di quella che suo marito le aveva descritto in una delle sue poche lettere.

"Spesso ripenso allo smarrimento che mia madre deve aver provato all'arrivo in 'questa terra.' Non era più giovanissima: cinquantaquattro anni di allora equivalevano a sessantacinque anni di oggi; ha trovato un marito diverso da quello che ricordava, certamente inasprito[23] da anni di solitudine; ha dovuto adattarsi a un

---

16 **colpo**: shock
17 **sottoposte**: costrette, obbligate
18 **accontentare**: soddisfare un desiderio
19 **spiccioli**: soldi, monete
20 **prendersi una cotta**: infatuarsi, innamorarsi, invaghirsi
21 **sussurrare**: dire a bassa voce, bisbigliare
22 **in compenso**: in cambio
23 **inasprito**: indurito, esacerbato

mondo sconosciuto e ad una lingua incomprensibile, che è rimasta per sempre incomprensibile."

Eppure Carmela non si lamentò mai e non espresse mai parole di rimpianto per aver lasciato la Calabria. Si trovava in Australia perché una buona moglie deve sempre seguire il marito e perché i figli hanno sempre bisogno di un padre. Solo quando il padre pretendeva[24] che Anna andasse a lavorare rinunciando alla scuola, Carmela puntava i piedi per terra. Quando Luigi urlava con tono minaccioso: "Se vuoi mangiare devi lavorare!" Carmela faceva l'occhiolino[25] ad Anna e le bisbigliava in un orecchio: "Quando lui va a lavorare domani mattina, tu andrai a scuola, stai tranquilla." Anna frequentò la scuola quasi all'insaputa del padre. Al ritorno da scuola insegnava a sua madre le parole inglesi che aveva imparato quel giorno.

"Benedico mia madre, la benedico tutti i giorni per avermi dato un'istruzione!" ripete Anna con fervore ed alzando le braccia verso il cielo. Poi mi indica i libri riposti ordinatamente su degli scaffali: adora leggere.

"Mia madre ritornò per la prima volta a Sant'Ilario nel 1965." Erano passati trent'anni dal triste giorno in cui si imbarcò con le sue tre figlie su quella vecchia nave che, dal porto di Napoli, la portò verso l'ignoto. Potè deporre dei fiori sulla tomba della sorella che, giovanissima, era stata stroncata[26] da ricorrenti attacchi d'asma. Dopo trent'anni potè riabbracciare suo figlio, quello che non aveva voluto fare l'emigrante e che aveva mantenuto tenacemente[27] la promessa. "Quante lacrime ha versato mia madre per questo figlio durante tutti quegli anni di lontananza!" Una lontananza resa ancora più penosa da una comunicazione carente[28] e saltuaria.[29] "Spesso ricevevamo notizie di mio fratello attraverso i compaesani. Si era formata una particolare rete di informazioni su quello che succedeva al paese, le notizie passavano di bocca in bocca, ma erano vaghe e non sempre attendibili."[30 i]

Quando Anna vedeva sua madre depressa la consolava ricordandole che aveva tre figlie con lei in Australia, che le volevano tanto bene e l'avrebbero curata con infinito amore. Carmela rispondeva: "Lo so, figlia mia, ma sappi che il cuore di una madre si rompe sempre per il figlio lontano!"

---

24 **pretendere**: volere ad ogni costo, esigere
25 **fare l'occhiolino**: ammiccare
26 **stroncata**: uccisa
27 **tenacemente**: ostinatamente, caparbiamente
28 **carente**: insufficiente, inadeguata
29 **saltuaria**: discontinua, interrotta
30 **attendibili**: credibili

✺

Anna D'Agostino vive nel Villaggio Scalabrini di Allambie Heights (Sydney, Australia). Tutte le avversità della vita non le hanno tolto la vitalità e il senso dell'umorismo che l'hanno sempre contraddistinta. Questa è la storia di sua madre così come l'ha raccontata a Concetta Perna.

Da una guerra a un colpo di stato alla libertà

Marcello Spinella

"*Tempo fa avevo pensato di scrivere una storia sugli emigranti in America. Poi mi sono reso conto che gli emigranti erano la storia dell'America.*"

Oscar Handlin
The Uprooted, 1973

Filippo da ragazzino amava giocare a calcio sebbene fosse costretto a giocare a piedi scalzi[1] per non rovinare le scarpe. Possedere le scarpe era un lusso e dovevano durare a lungo, fino a quando diventavano troppo strette per poi passare ai fratellini più piccoli. Filippo apparteneva ad una delle poche famiglie che potevano permettersi di mandare i figli a scuola. Era un privilegiato anche se forse non se ne rendeva conto.[2] Spesso trascurava lo studio per il gioco del calcio. Un giorno stava giocando nella piazzetta con i suoi amici invece di essere a casa a fare i compiti. Vedendo suo fratello Enzo passare di lì si nascose. Enzo, però, era troppo furbo. Contò i giocatori della squadra di Filippo e si accorse che ne mancava uno. Erano dieci invece di undici: Filippo finì nei guai.

Filippo Spinella è nato nel 1931 a Reggio Calabria, settimo di otto figli, sette maschi e una femmina. Le famiglie numerose erano molto comuni a quei tempi, servivano braccia per il lavoro nei campi. La famiglia abitava in una casa vicino allo Stretto di Messina, la striscia[3] di mare che separa la Calabria dalla Sicilia.

Quando scoppiò la Seconda Guerra Mondiale Filippo aveva solo dieci anni. La sua giovane età lo esonerò[4] dall'obbligo di indossare l'uniforme e di unirsi alla triste sorte di migliaia di giovani chiamati a difendere la patria. La guerra aveva già sottratto[5] ai coniugi Spinella tre dei loro figli. Due, Enzo e Marcello, furono deportati in Germania come prigionieri di guerra. Avevano sofferto la fame ed il freddo; avevano visto compagni entrare nelle camere a gas. Loro due, tuttavia, figurarono tra i sopravvissuti. Ritornarono a casa ripercorrendo l'intera penisola a piedi o con mezzi di fortuna.[6] Per tranquillizzare la sua famiglia, Enzo mise un messaggio in una bottiglia e la buttò in mare sperando che qualcuno la trovasse e la consegnasse ai suoi familiari. Dei pescatori la trovarono miracolosamente e la fecero pervenire ai suoi genitori che però la ricevettero il giorno dopo il ritorno di Enzo.

La vita era molto difficile durante la guerra. Reggio Calabria fu bombardata e la famiglia Spinella si trasferì a Bova Marina, una bella cittadina sul mare. Presto furono costretti a lasciare anche questa casa e trovarono rifugio in montagna, molto lontano dalla città. I genitori con i cinque figli abitavano in una sola stanza. Definirla stanza è un eufemismo: in realtà era una stalla e si

---

1 **scalzi**: senza scarpe, a piedi nudi
2 **rendersi conto**: capire fino in fondo
3 **striscia**: lembo, fascia
4 **esonerare**: liberare, esimere

5 **sottrarre**: togliere, portare via
6 **con mezzi di fortuna**: con veicoli occasionali o qualsiasi mezzo di trasporto

cibavano[7] con quello che trovavano nei campi. Vissero per parecchio tempo con quasi nulla.

Quando gli Spinella ritornarono a Bova Marina, ebbero la spiacevole sorpresa di trovare la casa completamente rasa al suolo,[8] sotto le bombe sganciate dal cielo azzurro della Calabria. Decisero allora di tornare a Reggio Calabria: la loro casa era ancora in piedi ma mancava completamente il tetto. Il governo rimborsava solo una parte dei soldi necessari per ricostruire le abitazioni. Le risorse erano molto limitate, non si poteva comprare nulla. Filippo e i suoi fratelli dovevano fare lunghe code[9] che spesso duravano tutta la notte, per approvvigionarsi[10] di acqua e di generi alimentari di prima necessità. Tutti imparavano a fare un po' di tutto e a riparare quello che avevano. Non si buttava niente. Quando i colletti delle camicie erano consumati, la loro sorella Domenica li riparava ritagliando il tessuto necessario dalla "coda" della camicia. A un certo punto non rimaneva più nulla della parte bassa della camicia e quindi erano obbligati a indossare sempre la giacca, anche con il caldo umido dell'estate.

Dopo la fine della guerra, la vita tornò a una forma di normalità anche se le ferite erano molto profonde e difficili da rimarginare. Filippo possedeva delle spiccate[11] capacità artistiche e conseguì[12] un diploma all'istituto d'arte. Tuttavia le possibilità di lavoro erano scarse e le prospettive del futuro scoraggianti. Per Filippo, come per migliaia di altri giovani, l'emigrazione rappresentava l'unica scappatoia.[13] Decise di emigrare in Argentina dove i suoi fratelli Enzo e Giuseppe erano già emigrati alcuni anni prima. Almeno lì avrebbe avuto una base d'appoggio.[14] Infatti andò ad abitare a casa loro. Buenos Aires era una bellissima città cosmopolita e migliaia di emigranti italiani facevano già sentire la loro presenza. Filippo conserva bei ricordi dei primi tempi vissuti a Buenos Aires: la città era vivace, vibrante e c'erano molti locali dove andare a divertirsi con gli amici fino a tarda notte.

Per Filippo era però arrivato il momento di decidere che cosa volesse fare da grande. Pensò di mettere a frutto le sue naturali qualità artistiche e cominciò ad interessarsi alla gioielleria. Lavorò per nove anni presso un gioielliere e la sua creatività presto si

---

7 **cibarsi**: mangiare, alimentarsi
8 **radere al suolo**: distruggere, demolire
9 **code**: file di persone che aspettano il turno
10 **approvvigionarsi**: procurarsi, rifornirsi
11 **spiccate**: straordinarie, marcate

12 **conseguire**: ottenere, prendere
13 **scappatoia**: via di salvezza, rimedio
14 **base d'appoggio**: un posto dove abitare i primi tempi

manifestò in tutta la sua pienezza. Filippo assaporò[15] i primi successi. Ricorda con orgoglio la collana di diamanti e smeraldi che creò per Evita Peròn, la moglie di Juan Domingo Peròn, il presidente dell'Argentina.

Filippo amava il suo lavoro ma era molto preoccupato per il futuro dell'Argentina. Era ansioso, avvertiva la fragilità dell'economia argentina. Lavorava sodo[16] ma non riusciva a risparmiare nulla. Il suo sogno di comprare una casa rischiava di rimanere sempre e solo un sogno.

L'Argentina stava diventando un paese politicamente sempre più instabile. La situazione degenerò con il colpo di stato che rimosse Peròn dalla guida del paese e che causò una completa svalutazione del *peso* così che, per milioni di argentini, i risparmi di una vita intera andarono in fumo.[17] Il crollo economico fu devastante.

Ancora una volta[18] il futuro si prospettava molto incerto e Filippo si trovò di nuovo di fronte ad un bivio.[19]

Capì che doveva andare via perché l'Argentina non era più la stessa e non sarebbe mai più stata la stessa.

Nel 1959 Filippo emigrò negli Stati Uniti. Andò ad abitare con il fratello Vito e la sua famiglia a Clifton, nel New Jersey. Vito era architetto ed era emigrato molti anni prima in America. Filippo arrivò negli Stati Uniti con un contratto di lavoro speciale con *Corbo Jewelers* e ottenne la cittadinanza americana sei anni dopo. Sposò Catherine Palermo nel 1966.

I primi anni in America furono una vera sfida per Filippo. Aveva ventotto anni, doveva ricominciare tutto daccapo e non parlava inglese. Per un anno intero andò tutte le sere, dopo il lavoro, a una scuola dove offrivano corsi di lingua inglese agli immigrati.

A sette anni dal suo arrivo in America fece il grande salto: aprì una gioielleria e cominciò a disegnare e a creare gioielli esclusivi e fatti a mano per personaggi molto prominenti nel mondo della cultura, della politica e dello sport. Nel 1970 è nato Marcello, che egli considererà la sua creazione più preziosa.

Oggi Filippo è molto soddisfatto della sua vita negli Stati Uniti. Grazie al duro lavoro e a una forte determinazione, è stato capace di mettere su[20] un'attività di grande successo. Filippo è

---

15 **assaporare**: provare il gusto, il piacere
16 **sodo**: molto, duramente
17 **andare in fumo**: svanire, finire nel nulla

18 **ancora una volta**: di nuovo, ancora
19 **trovarsi di fronte ad un bivio**: decidere tra due alternative

convinto che l'emigrazione in America gli ha dato la possibilità di realizzare molto di più di quanto non avrebbe fatto se fosse rimasto in Calabria o in Argentina.

Le difficili esperienze durante la Seconda Guerra Mondiale e il disastro economico in Argentina gli hanno consentito di apprezzare cose che molti americani danno per scontate.[21] Un'automobile di lusso o una bella casa, per esempio, sono cose che Filippo non avrebbe mai potuto neanche immaginare quando giocava a piedi nudi, per non rovinare le scarpe, nella piazzetta della sua città in Calabria.

20 **mettere su**: costruire, creare cominciando da zero

21 **dare per scontate**: considerare normali

Marcello Spinella ha conseguito un dottorato di ricerca in psicologia ed è professore associato presso lo Stockton College del New Jersey, dove è anche ricercatore in neuropsicologia. Vive nei pressi di Atlantic City, nel New Jersey. Questa è la storia di suo padre. Filippo Spinella è in pensione e vive non lontano da Marcello.

I ricordi sono per sempre

Susan Amatangelo

*"Coloro che non
hanno radici...
si avviano alla morte
della passione
e dell'umano....
Occorre possedere
un villaggio vivente
nella memoria
cui l'immagine e
il cuore tornano
sempre di nuovo..."*

*Da "Il mio villaggio"
di Albino Pierro
poeta lucano, 1959*

Mi dà sempre una forte emozione andare nell'orto che si trova nel retro[1] della casa di mio padre. Nonostante non sia più giovanissimo, mio padre coltiva ancora pomodori, cetrioli, melanzane, peperoni, basilico. Mi piace sedermi sotto il pergolato, respirare il profumo di quelle verdure, ammirarne i colori così caldi e mediterranei. Penso con tenerezza a mio padre. Vive da cinquant'anni in America ma non è mai vissuto da americano. La sua vita è stata ed è tuttora segnata[2] dal profondo bisogno di aggrapparsi[3] a qualcosa che ha fatto parte della sua infanzia, di non recidere[4] completamente le sue radici. E pensare che dall'Italia è fuggito con disperazione, con rabbia e con la tacita[5] speranza di non dover mai ritornare.

Infatti non è mai ritornato.

Feliciano Amatangelo è nato nel 1940 a Pettorano sul Gizio, un piccolo paese vicino a Sulmona, in Abruzzo. Nel 1954, il giorno prima del suo quattordicesimo compleanno, insieme a sua sorella Eva, con pochi vestiti in uno zaino[6] e in compagnia di una compaesana,[7] intraprese[8] il viaggio da Sulmona per raggiungere Cherbourg, in Francia. Qui si imbarcò sulla Queen Mary e attraversò l'Atlantico. Il viaggio da Sulmona si presentò molto entusiasmante perché era la prima volta che Feliciano ed Eva uscivano dal loro piccolo mondo. Nel lungo percorso per giungere in America poterono ammirare una Roma soleggiata,[9] le Alpi dalle cime innevate,[10] una Parigi piovosa e, finalmente, New York City dove c'era nonno Raffaele ad aspettarli. Con lui presero il treno per Boston dove riabbracciarono la loro mamma, Tolmina, che era emigrata sei mesi prima. Una piacevole sorpresa li aspettava: una sorellina, Maria, nata un mese dopo l'arrivo della loro mamma negli Stati Uniti. La famiglia non era però ancora al completo. Nel giugno del 1954 il patrigno[11] e la sorella Domenica li raggiunsero a Boston.

Nonno Raffaele fu il primo anello di questa lunga catena migratoria che nel giro di pochi anni portò l'intera famiglia Amatangelo negli Stati Uniti. In Italia, sebbene fossero proprietari dei terreni su cui coltivavano grano, olive, uva e fagioli e sebbene allevassero maiali, capre e pecore, la loro era una battaglia quotidiana

1 **retro**: la parte posteriore
2 **segnata**: caratterizzata, marcata
3 **aggrapparsi**: attaccarsi, afferrarsi
4 **recidere**: tagliare, rompere
5 **tacita**: non espressa apertamente
6 **zaino**: sacco che si porta appeso alle spalle
7 **compaesana**: persona dello stesso paese
8 **intraprendere**: incominciare, iniziare
9 **soleggiata**: piena di sole
10 **innevate**: coperte di neve
11 **patrigno**: padre adottivo, padre non naturale

per la sopravvivenza. Come molte altre famiglie di agricoltori, vendevano una parte dei loro prodotti e tenevano il resto per il consumo familiare. Ciano, come mio padre si faceva e ancora oggi si fa chiamare, era un ragazzino vivace e desideroso di scoprire il mondo che lo circondava. Gli piaceva andare per i campi con i suoi amici, scalare le montagne, esplorare le grotte[12] dove i pipistrelli dormivano a testa in giù. Si divertiva a rubare le angurie[13] dai campi e a giocare con gli animali, molti dei quali erano animali domestici fino a quando venivano venduti o uccisi per finire in pentola.[14] Era affascinato dai misteri che avvolgevano[15] il suo paese, dove gli adulti raccontavano leggende di briganti[16] che si nascondevano nelle loro case, di partigiani che cercavano rifugio nei boschi e di lupi in cerca di prede.

Le difficili circostanze della vita di Ciano da piccolo lo colpirono così profondamente che gli impedirono, per una forma di autodifesa, di ritornare nel suo paese natìo. Non conobbe mai veramente il padre naturale, Domenico, che morì di fame nella guerra in Russia nel 1943, secondo quanto raccontarono alcuni soldati sopravvissuti. Ciano aveva solo tre anni e non conserva alcun ricordo di suo padre. In compenso ha sempre sentito su di sè il bisogno di eguagliare le qualità di suo padre da tutti descritto come "un gran brav'uomo." Nel 1949 mia nonna Tolmina si sposò in seconde nozze con Giovanni Presutti, l'unico padre che Ciano abbia conosciuto e il padre naturale delle due sorelle più piccole, Domenica e Maria.

La Seconda Guerra Mondiale aveva portato un altro tipo di avventura nell'infanzia di mio padre con l'arrivo dei soldati tedeschi a Pettorano. Molti erano poco più che adolescenti e occuparono la casa dei miei nonni per sei mesi. I miei nonni presero alcune precauzioni: nascosero i prosciutti, il vino ed altre provviste nelle cantine e mandarono gli animali nelle grotte. I tedeschi non sembravano affatto intenzionati ad avvantaggiarsi della situazione. Erano in diciotto o venti e dormivano tutti nella stessa stanza. L'unico danno che causarono alla casa furono i buchi nei muri per appendere le loro munizioni. I soldati non rubarono nulla dalla casa e trattarono i piccoli Ciano ed Eva con generosità, regalando loro caramelle e facendoli cavalcare sugli enormi cavalli Clydesdale. Mio

---

12 **grotte**: cavità nella roccia
13 **angurie**: meloni, cocomeri
14 **finire in pentola**: essere cucinati

15 **avvolgere**: ricoprire, rivestire
16 **briganti**: bandit, membri di gruppi pericolosi

padre ricorda che le sue gambe erano troppo corte per salire sul dorso larghissimo di quegli animali.

I ricordi più dolorosi di mio padre, tuttavia, sono legati alla sua vita a Sulmona. In tenerissima età,[17] fu mandato a vivere con la nonna paterna, Francesca, rimasta vedova. Aveva quasi ottant'anni e abitava su una collina in una casa senza elettricità e senza servizi igienici, dove gli animali occupavano il pian terreno. Ciano cenava con la nonna e dormiva nel suo stesso letto. Ogni giorno camminava per diversi chilometri per andare al paese a trovare sua madre e sua sorella. A casa della nonna la sera, al buio, aveva tanta paura e ad ogni piccolo rumore la chiamava per essere rassicurato. Ciano soffrì molto per la separazione da sua madre, per le poverissime condizioni di vita e per la necessità di tenere compagnia ad una nonna molto vecchia e sempre più ammalata. La sua emigrazione negli Stati Uniti gli offrì la possibilità di fuggire da una situazione del genere.[18] Era così contento di lasciare la casa di nonna Francesca che non andò neanche a salutarla.

La vita a Boston, in Massachusetts, risultò altrettanto[19] difficile di quella a Pettorano, almeno inizialmente. Una famiglia di sei persone visse per alcuni anni in un minuscolo appartamento senza riscaldamento, senza bagno e dovevano usare le docce pubbliche e i gabinetti esterni. Tutti i membri della famiglia lavoravano ad eccezione dei due più piccoli. Il suo patrigno, Giovanni, faceva l'operaio e continuò a farlo fino a quando andò in pensione. Tolmina lavorava in una ditta dove impacchettavano spinaci e sedano. Non aveva tempo da dedicare a Maria, la sua figlia più piccola; decise così di mandarla in Italia a vivere con i nonni, che le potevano prestare[20] più attenzione. La famiglia era ancora una volta divisa. Ciano ed Eva andarono a scuola, dove impararono l'inglese, ma dovettero abbandonare presto gli studi per cominciare a lavorare.

Gli anni della giovinezza nel North End di Boston esposero Ciano ad un mondo che lo affascinava e lo spaventava nello stesso tempo. Gli piacevano la musica, le ragazze e gli sport americani. Per la maggior parte dei giovani di quel quartiere prevalentemente italiano, era d'obbligo far parte di una *gang*. L'appartenenza ad un gruppo dava loro la possibilità di socializzare e di difendersi dalla prepotenza di altri gruppi composti anche da figli di italiani ma nati

---

17 **tenerissima età**: molto giovane
18 **del genere**: di questo tipo
19 **altrettanto**: ugualmente, nello stesso modo
20 **prestare**: dare, offrire

in America. Questi parlavano bene l'inglese e si sentivano più "americani:" in quanto tali volevano imporre la loro superiorità. Episodi di violenza e di baruffe[21] tra *gang* rivali per le strade di Boston erano all'ordine del giorno.[22] A diciotto anni Ciano cambiò ufficialmente il suo nome: divenne Philip. Temeva che il nome italiano non lo rendesse popolare con le ragazze. In realtà sperava che il nome inglese lo aiutasse a sentirsi più "americano."

Seguì un periodo di scoperte per mio padre. Cercò con tutto se stesso di capire questo nuovo paese, di assimilarne la cultura, di abituarsi ai nuovi sapori e ai nuovi odori. Verso la fine degli anni Sessanta Ciano si sposò ed ebbe finalmente una sua famiglia. Per la burocrazia americana era ormai diventato cittadino americano a tutti gli effetti.

Molti anni più tardi ritornò ad abitare nella casa dove i suoi genitori erano vissuti sin dal loro arrivo a Boston, nella casa che lo vide adolescente e alla ricerca di una sua identità. È rimasto sempre fedele alle tradizioni italiane che i miei nonni avevano mantenuto in America. Queste tradizioni si sono cristallizzate e non hanno mai seguito i cambiamenti che nel frattempo sono avvenuti in Italia. Ogni anno, a settembre, mio padre e sua sorella Eva ripetono il rituale imbottigliamento della salsa di pomodoro e di altre conserve per i mesi invernali.

Sebbene mio padre ora abbia quasi sessantacinque anni e non sia mai ritornato in Italia, il suo stile di vita e la sua mentalità sono rimaste saldamente ancorate[23] ai suoi primi quattordici anni di vita in Italia.

I brutti ricordi gli hanno impedito di ritornare in Abruzzo. Oggi, tuttavia, prova un desiderio sempre crescente di visitare il suo paese natìo con le figlie e i nipoti. Spera di dividere con loro i pochi bei ricordi che gli hanno fatto compagnia durante i cinquant'anni d'America.

---

21 **baruffe**: litigi, lotte
22 **essere all'ordine del giorno**: quando qualcosa succede quasi ogni giorno

23 **ancorate**: attaccate, ferme

Susan Amatangelo insegna l'italiano all'Università Holy Cross. Nel 2004 la Fairleigh Dickinson University Press ha pubblicato il suo libro "Visualizzare le donne: uno studio tematico sui personaggi femminili nella produzione letteraria di Giovanni Verga."

Il passaporto per una nuova vita

Carmela Scala

---

*"Andare in America
allora era quasi come
andare sulla luna."*

*Golda Meir
In My Life, 1975*

"**B**uonasera, questo è il capitano che vi parla. È con piacere che vi annuncio che fra pochi minuti atterreremo all'aeroporto JFK di New York."

New York...otto ore di volo e seimila miglia di distanza da casa.

Era una bellissima giornata di fine maggio, esattamente l'ultimo giorno di maggio. Il sole splendeva alto nel cielo mentre una lieve brezza accarezzava il mio viso. Mai come quel giorno ho odiato quel sole e quella brezza, sebbene avessero sempre fatto parte della mia vita perché fanno parte di Napoli, la città in cui sono nata e dove ho trascorso i miei primi vent'anni. La mitezza del clima contrastava fortemente con la tempesta che si stava scatenando nel mio cuore. Stavo per lasciare la mia città, forse la stavo lasciando per sempre. Volevo solo piangere e desideravo che la città, la mia città, piangesse con me.

Avevo chiesto il posto vicino al finestrino. Quando l'aereo decollò avevo il viso e gli occhi straripanti[1] di lacrime incontrollabili. Ero incollata[2] al finestrino in un disperato desiderio di catturare ogni dettaglio della città che diventava sempre più piccola fino a scomparire. Come in un film, la mia intera vita mi passò davanti agli occhi: le persone che conoscevo, i posti che avevo tanto amato, la casa nella quale ero cresciuta. Tutte cose a me familiari e da cui adesso mi stavo separando. "Tornerai presto, vedrai" mi ripetevano le mie amiche e anch'io me lo ripetevo per darmi coraggio. Ma, dentro di me, nel profondo del mio cuore, sapevo che non era vero. "Ci vogliono solo otto ore d'aereo, dai." Io questo lo sapevo molto bene. Tuttavia sapevo anche che se volevo cominciare una nuova vita non dovevo commettere lo stesso errore che molti emigranti avevano fatto prima di me: lasciare l'Italia con l'intenzione, o meglio, con l'illusione di guadagnare un po' di soldi e di ritornare prima o poi.

L'inizio fu molto duro!

Ricordo ancora la prima volta che camminai tra le strade di New York. Fu un'esperienza indimenticabile. Tutto sembrava così grande! Mi sembrava di essere una bambina ai suoi primi passi verso la scoperta della vita. In effetti ero una bambina che cominciava una nuova vita. Un nuovo mondo, sconosciuto e ostile, con nuove speranze e nuove sfide mi stava aspettando. Non ero felice ed avevo tanta paura.

---

1 **straripanti**: traboccanti, inondati   2 **incollata**: attaccata

La solitudine divenne la mia migliore amica. Non avevo amici, non avevo nessuno su cui poter contare in caso di bisogno o per un po' di conforto. I miei stessi genitori non potevano aiutarmi dato che la loro situazione personale non era migliore della mia. Avevo solo me stessa! La consapevolezza della mia solitudine mi rendeva ancora più triste e disperata. Piangevo tutte le sere e, prima di addormentarmi, maledicevo il giorno che avevamo lasciato Napoli. Mi sentivo inutile, non avevo nulla a cui aggrapparmi, nulla di cui essere felice. Non avevo un lavoro, non parlavo inglese, non riuscivo ad impararlo e temevo che non l'avrei mai imparato. Come potevo pensare di vivere in questo modo? Desideravo con tutta me stessa di ritornare a Napoli! Quante volte ho sperato che qualcuno venisse a liberarmi dalla prigione della mia solitudine!

Tutte le mie lacrime e le mie preghiere sembravano inascoltate. Dopo mesi di pianti e di sofferenza estrema, durante i quali credo di avere toccato il fondo della disperazione, ho cominciato improvvisamente a sentire meno dolore. Mi sono resa conto che era giunto il momento di smettere di commiserarmi. Avere pena di me stessa non mi avrebbe aiutata a risolvere i miei problemi. Era giunto il momento di mettere insieme tutte le mie forze e di reagire. Mi sono prefissata tre obbiettivi: trovare un lavoro, andare all'università e soprattutto studiare l'inglese, quella lingua ostile che avevo fino ad allora rifiutato di imparare e di parlare. In questo modo avrei conquistato il passaporto che mi avrebbe permesso di entrare nel gioco della mia nuova vita.

Dovevo agire[3] subito. Non avevo più scuse per esitare o per procrastinare ulteriormente.[4] Ero molto determinata a perseguire[5] i miei piani e non dovevo arrendermi. Non potevo rinunciare a lottare malgrado i molti ostacoli che avrei incontrato sul mio cammino.

Ora non stavo più in piedi tutta la notte per piangere. Ora era lo studio che mi teneva sveglia. Ho trascorso notti intere a studiare l'inglese, a leggere libri che, in buona parte, non comprendevo e avvertivo la frustrazione crescere in me quando dovevo leggere e rileggere tante volte la stessa frase per poterla comprendere e impadronirmene.[6] Molte volte mi assaliva la rabbia e buttavo i libri per terra temendo[7] che la mia fosse un'impresa impossibile. Per fortuna non mi sono mai arresa ed ho sempre

---

3 **agire**: procedere, fare qualcosa
4 **ulteriormente**: ancora oltre, ancora di più
5 **perseguire**: raggiungere, ottenere

6 **impadronirsi**: appropriarsi, arrivare a conoscere a fondo qualcosa
7 **temere**: avere timore, provare paura

trovato la forza di andare avanti. Dovevo farcela non solo per me stessa ma anche per i miei genitori.

Spesso, mentre mi concedevo una pausa dallo studio, mandavo sguardi fuggevoli[8] a mia madre e la coglievo[9] mentre mi guardava e aveva gli occhi pieni di lacrime. Capivo che si sentiva in colpa per la mia sofferenza e la mia infelicità. Dopo tutto mi trovavo lì per avere seguito lei e mio padre. Mio padre, a sua volta, si sentiva responsabile per me e per mia madre. In Italia lui era quello che aveva sempre portato il pane a casa, ma quando la sua attività andò male l'unica alternativa per sopravvivere fu emigrare in America dove cominciò subito a lavorare nel panificio di un suo parente. Lui partì per primo, mia madre lo seguì e un po' dopo io li raggiunsi.

I momenti difficili mi hanno fatto scoprire un lato della mia personalità che non avevo mai sospettato di avere. Mi hanno aiutata a prendere piena consapevolezza delle mie risorse. La bambina che era in me, con le sue paure e con il suo bisogno di protezione, stava gradualmente scomparendo, mentre emergeva la donna.

Mi sono così scoperta più coraggiosa, matura e definitivamente pronta ad affrontare le sfide della vita. Il raggiungimento di piccoli traguardi aumentava la mia auto-stima e ciò mi permetteva di prefiggere traguardi sempre più ambiziosi. Alla fine del primo anno avevo già trovato un lavoro come segretaria, contemporaneamente sono entrata all'università e ho imparato l'inglese. Ero finalmente entrata nel gioco della mia vita americana!

Da allora sono passati sette anni durante i quali ho conseguito una laurea, un master e sto completando un dottorato di ricerca.

Oggi posso certamente affermare che la mia non è stata una scelta facile, anzi, è stata la più difficile. Sono sicura, però, che è stata quella giusta.

Ringrazio Dio per la forza che mi ha dato e per le prove a cui mi ha sottoposta. Senza queste non sarei mai diventata la donna che sono oggi.

---

8 **fuggevoli**: rapidi, veloci   9 **cogliere**: prendere di sorpresa, captare qualcosa

Carmela Scala si è laureata presso l'Hunter College (CUNY) e sta completando il dottorato di ricerca in Letteratura Comparata presso il Graduate Center di New York City (CUNY). Insegna la lingua e la letteratura italiana come professore aggiunto all'Hunter College ed alla St. John's University.

Una lettera mai spedita

Francesca Schembri

"Quanto è amaro
'sto pane!'"

dalla canzone
popolare napoletana
"Lacreme napulitane"

Parole: L. Bovio
Musica: F. Buongiovanni

27 dicembre 1994

Caro,

Guardo la tua foto sul comodino[1] e provo ad immaginare come saresti oggi, con i capelli ingrigiti[2] e con le rughe intorno ai tuoi begli occhi neri. Ieri nostro figlio Vincenzo, che ha appena compiuto quarantun anni, si è sposato. La sua bella sposa non è cattolica ed è per giunta[3] divorziata, pertanto il matrimonio è stato celebrato solo civilmente.

Durante la cerimonia ho avvertito[4] la tua presenza accanto a me, tuttavia mi sono sentita sola. Non ho molto in comune con la moglie di Vincenzo e con la sua famiglia. Mi sembrava di recitare in un film la parte dell'umile[5] madre di un avvocato promettente che sposa la discendente di una famiglia importante.

Non mi sentivo a mio agio.[6] Avevo la sensazione di essere lì solamente perché, come madre dello sposo, non potevo non esserci. I familiari di nostra nuora erano gentili con me, mi parlavano piano, con un'affabilità[7] forzata, come se parlassero ad una bambina e non a una donna con tanta esperienza sulle spalle. Non mi chiamavano Maria, bensì Mary e questo tentativo di mettere un velo[8] sulle mie origini mi procurava[9] un senso di disagio.[10] Non appartengono alla nostra cultura, sono "stranieri." Qualche volta penso che anche Vincenzo sia "straniero:" parla come loro.

Non ho potuto fare a meno[11] di ricordare il nostro matrimonio. Fu così diverso. La guerra era finita da poco. Io indossavo l'abito da sposa di mia cugina e tu indossavi l'abito blu di tuo padre.

Eravamo poverissimi ma innamorati e avevamo molti sogni. Il più grande era quello di andare in America. Il viaggio per il Canada, due mesi dopo il matrimonio, fu la nostra luna di miele. L'"Urania Seconda" era una nave molto vecchia e sovraffollata, ma per noi era come la carrozza di Cenerentola. La traversata dell'oceano durò due settimane e poi ci vollero tre giorni in treno da Halifax a Toronto. Soffrii mal di mare per i primi giorni e

---

1 **comodino**: tavolino accanto al letto
2 **ingrigiti**: imbiancati, diventati grigi
3 **per giunta**: per di più
4 **avvertire**: sentire, provare
5 **umile**: modesta, ordinaria
6 **a mio agio**: serena, tranquilla

7 **affabilità**: gentilezza
8 **mettere un velo**: offuscare, coprire
9 **procurare**: dare, creare
10 **disagio**: fastidio, imbarazzo
11 **non poter fare a meno**: non poter evitare

dormimmo in dormitori separati: tu in un letto a castello con altri trentanove uomini ed io con tante donne e bambini rumorosi.

Durante il giorno ci scambiavamo sguardi romantici.

Siamo venuti in Canada grazie ai soldi che ci aveva mandato zia Antonietta. La parrocchia di San Carmelo l'aveva aiutata a mettere insieme il denaro necessario. Le abbiamo restituito tutto entro due anni. Eri molto orgoglioso e volevi ripagare il debito in fretta.

Ricordi quella sera di dicembre del 1954 quando portammo Vincenzo in centro ad ammirare le decorazioni natalizie? Le vetrine erano piene di giocattoli bellissimi. Da giovani genitori ci lasciammo vincere dall'entusiasmo e spendemmo i pochi soldi in tasca per comprare un giocattolo a nostro figlio.

Ricordi il suo volto? Era raggiante di felicità. Mostrava il suo trenino ai passanti[12] e persino quando salimmo sul tram non smise di parlare. L'autista si irritò, gli intimò[13] di chiudere la bocca e a noi chiese di non parlare la nostra lingua. Gli sentimmo dire: "Voi, sporchi italiani, venite a rubare il lavoro ai canadesi!" Noi non rispondemmo alle sue provocazioni per paura di iniziare una rissa[14] e di essere deportati, come era già successo a dei nostri connazionali. Tra i denti mormorò anche: "Tornate da dove siete venuti!" Scendemmo dal tram in silenzio alcune fermate prima della nostra e proseguimmo fino a casa a piedi. Io ero incinta di Santina e mi stancai molto. Faceva un gran freddo. Il giorno dopo Vincenzo aveva la febbre alta e tu gli facesti una promessa: "Figlio mio, questo è il tuo paese ed avrai una vita migliore della nostra."

Quanto è stato difficile mantenere quella promessa! Non hai mai trovato un lavoro decente. In Sicilia non avevi avuto la possibilità di imparare un mestiere, eri quasi analfabeta[15] e non parlavi inglese! Accettavi tutti i lavori rifiutati dagli altri ed erano sempre sottopagati. Sei stato sfruttato ed umiliato, ma tenevi duro.[16] Con grandi rinunce mettemmo da parte i soldi per il deposito per l'acquisto di una casa e, a sette anni dal nostro arrivo in Canada, andammo ad abitare nella nostra casa. Poi facemmo l'atto di richiamo per tuo fratello e la sua famiglia. Tuo fratello fece venire i suoi suoceri e abitammo tutti insieme. Questo ci consentì[17] di ripagare il mutuo più in fretta.

---

12 **passanti**: pedoni, persone che camminano per la strada
13 **intimare**: ordinare
14 **rissa**: litigio che degenera in una lotta

15 **analfabeta**: senza istruzione
16 **tenere duro**: resistere
17 **consentire**: permettere, dare la possibilità

Tutto stava andando secondo i nostri progetti. Fino al giorno dell'incidente fatale che ti strappò[18] brutalmente a noi. Il campanello della porta squillò. Io stavo preparando la cena e Vincenzo andò ad aprire. Ricordo a stento[19] le parole del poliziotto ma ricordo vividamente il dolore lancinante[20] al petto provocato dal mio grido che mi perforò il cuore...rompendolo. Il cielo divenne improvvisamente nero: come il mio dolore e come il colore dei miei vestiti da quel giorno in poi.

"Un italiano sepolto vivo" scrisse il *Corriere Canadese*. Per molti la tua morte significò un emigrato in meno a Toronto. Per noi una tragedia che ci ha segnato per tutta la vita. Un blocco di cemento ti aveva schiacciato.[21] Tu, povero contadino siciliano, emigrato per far fortuna, eri morto in un modo così orribile ed io non ero lì a sorreggerti[22] e a chiudere i tuoi occhi!

Non eri iscritto a un sindacato e quindi non ricevemmo alcun risarcimento.[23] Il capo-cantiere ci elemosinò[24] duecento dollari per la tua sepoltura e, senza alcuna compassione, ci disse che dovevamo essere grati per la sua generosità; d'altronde[25] l'incidente era avvenuto perché tu eri un po' "sprovveduto."[26] Pensa, aveva confuso la tua incapacità di esprimerti in inglese con l'inesperienza. Ebbe anche l'audacia di "sconsigliarmi" una battaglia legale.

Parenti e amici ci aiutarono finanziariamente durante il lutto iniziale. Venivano a casa ma io desideravo essere sola con il mio dolore. Nello stesso tempo la casa vuota mi spaventava. Avevo gli occhi gonfi e il corpo indolenzito.[27] Più di una volta ho desiderato morire. Ma dovevo vivere perché d'ora in avanti dovevo essere madre e padre dei nostri figli. Ti ho rispettato, vestendomi di nero, e non sono uscita di casa per molto tempo. Ho fatto vestire di nero anche Santina.

Alcuni mesi dopo la tua morte, cominciai a lavorare come baby-sitter. La sera cucivo per una ditta d'abbigliamento. Era il 1967 e mi pagavano un dollaro e settantacinque centesimi al pezzo. Riuscivo a pagare le bollette[28] ed anche a risparmiare qualcosa. La domenica cucinavo per i preti della nostra parrocchia.

---

18 **strappare**: portare via, allontanare bruscamente
19 **a stento**: a mala pena, appena
20 **lancinante**: acuto, intenso
21 **schiacciare**: coprire con un forte peso, annientare
22 **sorreggere**: aiutare, dare appoggio morale e materiale

23 **risarcimento**: compenso, rimborso
24 **elemosinare**: dare qualcosa per pietà
25 **d'altronde**: d'altra parte
26 **sprovveduto**: impreparato, incolto
27 **indolenzito**: pieno di dolori
28 **le bollette**: i conti, le spese

Vincenzo aveva quattordici anni e lavorava part time ai mercati generali. Si sentiva l'uomo di casa ed era orgoglioso di consegnarmi la busta-paga[29] ogni fine settimana. A scuola è sempre stato bravo e sin da ragazzino ha desiderato diventare avvocato. La sua insegnante però gli consigliava di imparare un mestiere. Non erano molti i figli di immigrati che andavano all'università. Vincenzo mi pregò di andare a parlarle. Cosa le potevo dire? Capivo a malapena[30] quello che l'insegnante diceva e lei faceva fatica a capire quello che io dicevo. Sai caro, non ho mai imparato l'inglese. Del resto non ne ho mai sentito la necessità: sono sempre vissuta in un quartiere italiano, ho sempre fatto la spesa in negozi italiani e sono sempre andata alla messa italiana.

Vincenzo si è laureato in legge. Ce l'ha fatta ma le sue battaglie per affermarsi non erano finite. Riteneva che un nome italiano costituisse un impedimento al suo ingresso nel mondo giudiziario. Cambiò nome. Dal 1976 nostro figlio non si chiama più Vincenzo Di Martino, bensì Martin San Vincent! Perdonalo, amore... almeno non ha scelto di chiamarsi *John Smith*.

Sandy, così si fa chiamare la nostra Santina, è stata un'altra grande sfida nella mia vita di emigrante vedova.

Un giorno le diedi uno schiaffo. Aveva dieci anni, tu eri morto da poco e le ferite erano ancora profonde. Santina ritornò da scuola molto agitata. Si tolse il vestito e lo strappò con rabbia mentre gridava che non ne poteva più[31] delle nostre usanze. Le sue amiche la prendevano in giro perché si vestiva di nero, la chiamavano *blacky*, "nerina." A diciassette anni mi presentò un "amico." Lui era un *mangiacake*.[i] Una notte non tornò a casa. Il giorno dopo mi annunciò che sarebbe andata ad abitare per conto suo:[32] "Sono stufa delle tue usanze ridicole, voglio vivere da canadese perché io sono canadese!" Questo non potevo accettarlo. Stava infangando[33] il buon nome della nostra famiglia. Non volli più sapere niente di lei. Quando seppi che non stava bene avrei voluto perdonarla ma l'amarezza e il rancore[34] me lo impedivano. Del resto, se l'avessi fatto, avrei perso l'appoggio dei nostri parenti. Ed io avevo ancora bisogno del loro aiuto. Così girai le spalle a nostra figlia. Perdonami, amore.

La rividi due anni più tardi. Vincenzo la portò a visitarmi in

---

29 **busta-paga**: il salario, i soldi guadagnati
30 **a malapena**: con difficoltà, con fatica
31 **non poterne più**: non riuscire più ad accettare qualcosa
32 **per conto suo**: da sola
33 **infangare**: disonorare, infamare
34 **rancore**: risentimento, sdegno

ospedale dove ero in cura per una profonda depressione: i sensi di colpa nei confronti di nostra figlia si erano manifestati in quel modo. Era irriconoscibile: i suoi bei capelli corvini[35] erano diventati biondi e ispidi come fili di erba secca. Era pallida, emaciata.[36] Gli occhi sembravano immensi su quel viso smunto.[37] Nostra figlia era diventata una larva umana. Ho capito che non potevo più negarle il mio aiuto, la mia comprensione, il mio amore.

È stata in un centro di riabilitazione. Ora sta meglio ed abita da sola. Frequenta un italiano, è divorziato ma sembra un bravo ragazzo. Magari un giorno si sposeranno con un matrimonio all'italiana.

Mio caro, i nostri figli non hanno colpa per i loro errori. Sono vittime di questo "nuovo mondo" che gli ha dato delle opportunità ma anche tante umiliazioni. Pensa, dopo quarant'anni in Canada siamo ancora considerati "emigranti."

Anche zia Antonietta è morta. Povera zia, dopo aver dedicato la vita alla sua famiglia ha trascorso gli ultimi anni in una casa di riposo,[38] tra estranei. I suoi figli le hanno fatto un funerale molto strano. Solamente io e mia cugina Rosa ci siamo vestite di nero. La cerimonia è stata tutta in inglese e i figli sembravano preoccuparsi più dei bigliettini di ringraziamento, dei cappelli e del cibo da ordinare per il rinfresco[39] che di osservare le nostre tradizioni. Molti parenti e amici non sono venuti al funerale di zia Antonietta, nemmeno nostro figlio. Perdonalo, amore...aveva un caso importante in tribunale.

Molte cose sono cambiate. La solidarietà tra le famiglie non è più quella di prima. Gli italiani non vivono più nella *"Little Italy"* che tu hai lasciato. Molti si sono arricchiti e abitano in case lussuose.

Anch'io ho venduto, molto a malincuore,[40] la nostra casa. Ne ho comprata una a Woodbridge, un sobborgo più prestigioso. L'ho fatto per i nostri figli, volevo che fossero orgogliosi di noi. Devo anche dirti che, dopo trent'anni, mi sono arresa:[41] per accontentare i nostri figli non mi vesto più di nero.

Nei momenti di sconforto[42] ho persino pensato di ritornare al nostro paese natìo, ma un breve viaggio in Italia mi ha fatto cambiare idea. È stato doloroso scoprire che anche lì la gente è cambiata. Molti parenti e amici erano emigrati chissà dove, altri

---

35 **corvini**: nerissimi
36 **emaciata**: molto magra
37 **smunto**: magrissimo
38 **casa di riposo**: centro per anziani

39 **rinfresco**: ricevimento
40 **a malincuore**: contro voglia, mal volentieri
41 **arrendersi**: rinunciare, cedere
42 **sconforto**: avvilimento, depressione

erano malati o morti. Per i giovani io ero una perfetta estranea. Sai, ora tutti parlano bene l'italiano, come quelli del nord. Quando si rivolgevano a me mi indicavano come l'*americana.* Ironico, vero? E pensare che io mi sento così italiana! Sai, non mi sono mai integrata nella cultura canadese. Me lo confermano i pregiudizi dei canadesi e perfino di nostra figlia. Ogni qualvolta la incoraggio a seguire le nostre tradizioni si rivolta[43] contro di me: "Non devo fare le cose nel modo in cui tu le facevi nel 'vecchio paese'. Devi convincerti che **io** non sono italiana, **tu** sei italiana!" In compenso *Sandy* ed io ci siamo riavvicinate e il senso di colpa che ho sentito per anni nei suoi confronti si sta mitigando.

Dopo le dure prove del passato il presente non mi spaventa più, sono serena. Non so cosa Dio abbia in serbo[44] per me. Sento che tu sei qui con me, abiti dentro la mia anima. Per favore, aspettami nella nostra nuova casa. Sebbene tu sia andato via da tanto tempo, mi riconoscerai: sono vestita del tuo amore.

A presto,

tua Maria

---

43 **rivoltarsi**: ribellarsi   44 **avere in serbo**: riservare

Francesca Schembri insegna italiano e recitazione, scrive commedie ed è regista di teatro. È nata in Sicilia, cresciuta in Sud America ed attualmente vive in Canada. Sta completando un dottorato di ricerca sul teatro popolare siciliano del 18esimo secolo presso l'Università di Toronto. Questa storia le è stata raccontata da una vedova siciliana emigrata in Canada.

Esercizi

1 | Non soltanto un baule

Domande di comprensione

1. Perché il baule occupa un posto importante nella casa
   della nipote? *Perche ripresenta la storia dei nonni
   e la storia de lasua famiglia*
2. Dov'è situato Controguerra e perché per gli abitanti la vita
   era molto difficile? *Eun paesino di montagna. Perche la terra era
   arida.*
3. È stato facile per Pasquale decidere di emigrare? *No dobette
   Convincersi che non avea altre sclta.*
4. La nipote ha mai conosciuto suo nonno? Motiva la tua risposta.
   No e morto mentre e ancora soldato.
5. Qual è stato il rapporto tra la nipote e la nonna?
6. Cosa è successo a Pasquale?
7. Qual era il dilemma di Filomena?
8. Quali erano le condizioni di viaggio in terza classe?
9. Perché Filomena e i bambini sono rimasti tre mesi ad Ellis Island?
10. Quali ipotesi si possono fare per spiegare il comportamento
    di Filomena?
11. Che cosa hanno tentato di fare gli ufficiali per tre volte e
    come ha reagito Filomena?
12. Qual è il rimpianto della nipote ora che è diventata adulta?

Esprimi le tue opinioni

1. I due bambini erano sempre vissuti in un piccolo paese di pochi
   abitanti e si sono trovati a vivere in un porto dove arrivavano
   migliaia di emigranti al giorno da tutte le parti del mondo. Come
   pensi che sia stata la loro vita ad Ellis Island per tre mesi?

2. Qual è la tua opinione sul desiderio del padre di
   "americanizzare" la figlia? Pensi che fosse stato giusto per quei
   tempi seguire questo modello? Motiva la tua riposta.

3. La nipote rimpiange di non aver potuto comunicare con la nonna
   per un problema di lingua. Tu che rapporti hai con i tuoi nonni?
   Ti piace ascoltarli? Sei curioso/a della loro vita?

4. Se per ragioni di studio o di lavoro dovessi trasferirti in un altro paese e ipoteticamente potessi portare solo una valigia, cosa ci metteresti dentro? Spiega le ragioni per cui troveresti molto difficile separarti da determinate cose.

Scegli uno dei seguenti temi

A. L'Italia da paese di emigrazione si è trasformato in paese d'immigrazione. Da paese povero ed arretrato è diventato la sesta potenza economica mondiale. Svolgi una ricerca sui cambiamenti sociali ed economici avvenuti in Italia negli ultimi cinquant'anni.

B. Immagina di lavorare per un'agenzia turistica. Organizza un itinerario attraverso i posti più suggestivi del Sud dell'Italia, con la descrizione di essi e con le ragioni per cui dovrebbero essere di interesse per i turisti.

C. John Fante è un famoso scrittore italo-americano nato in Colorado da genitori abruzzesi. Ha scritto molti romanzi alcuni dei quali sono diventati sceneggiature di film molto riusciti. Scopri la sua vita e le sue opere.

2 | Il mio Michelangelo

Domande di comprensione

1. Perché era importante nascere in una "situazione particolare" in Sicilia all'inizio del secolo scorso?

2. In che senso i genitori di Michelangelo avevano avuto lungimiranza?

3. Quale circostanza ha permesso a Michelangelo di migliorare il suo status sociale?

4. In che cosa consisteva la catena migratoria?

5. Qual era il ruolo di Michelangelo nella famiglia dopo la morte del padre?

6. Descrivi, con parole tue, il contrasto tra il lavoro che gli artigiani svolgevano a Sant'Angelo e quello in America.

7. In che settore trovavano lavoro le donne?

8. In che modo i santangiolesi cercavano di superare le difficoltà di inserimento all'arrivo a Manhattan?

9. Che cosa significa l'espressione: "Anche le più stoiche di quelle vecchie sono rimaste increduli…?"

10. Quali sono stati gli eventi più drammatici nella vita di Michelangelo in America?

11. Michelangelo in che cosa ha trovato nuove ragioni di vita?

12. Qual è stata la più grande ambizione che Michelangelo ha avuto per i suoi figli?

Esprimi la tua opinione

1. Prova ad immaginare i sentimenti degli artigiani di Sant'Angelo di Brolo che da "artisti" sono diventati semplici operai nella grande industria americana.

2. "La Fortuna così come dà, porta via." Cosa significa quest'affermazione? Qual è la tua opinione al riguardo?

3. Che sentimenti prova la nipote nei confronti del nonno?

Scegli uno dei seguenti temi

A. Sant'Angelo di Brolo è uno dei molti e rinomati centri della provincia di Messina, in Sicilia. Messina riveste una notevole importanza storica e naturalistica. Svolgi una ricerca sulla storia, sull'arte e sulle tradizioni di Messina.

B. Dalle sarte e ricamatrici siciliane dell'inizio del secolo scorso alla grande industria della moda di oggi. La creatività italiana è riconosciuta in tutto il mondo. Stilisti come Valentino, Versace, Ferragamo, Pucci, Krizia, Prada, Fendi, Trussardi e molti altri, hanno portato il *Made in Italy* ad altissimi livelli. Scegli uno dei "miti" della moda e scopri la nascita, lo sviluppo e lo stile delle sue creazioni.

C. Circa 2.500 anni fa l'Italia meridionale è stata l'"America" degli antichi greci che hanno colonizzato la costa ionica, dando vita alla "Magna Grecia." Immagina di andare indietro nel tempo alla scoperta delle forme che questa civiltà ha assunto e di cui rimangono tracce in Calabria, Basilicata, Campania e Sicilia.

3 | Mio e non Mio

Domande di comprensione

1. Qual è il dilemma dell'emigrante che Enoe mette in evidenza con l'espressione "Mio e non mio?"

2. Che sentimenti prova Enoe per l'Australia e per l'Italia?

3. Da che cosa nasceva il desiderio di Alfio di emigrare?

4. Come descrive Enoe gli anni del dopoguerra in Italia?

5. Perché Alfio ed Enoe sono emigrati proprio in Australia?

6. Quali erano le condizioni di viaggio sulla nave "Ugolino Vivaldi?"

7. Quali erano le riflessioni che Enoe ha fatto sui compagni di ventura durante il lungo viaggio per l'Australia?

8. Come descrive Enoe la prima casa in cui ha abitato a Sydney?

9. Perché Enoe non ha mandato gli auguri a nessuno per il primo Natale?

10. In che modo Enoe ha aiutato le donne italiane che le chiedevano conforto?

11. Che cosa ha scoperto Enoe sui "matrimoni per procura?"

12. In che modo Enoe ha contribuito alla diffusione della lingua e della cultura italiana in Australia?

13. In che cosa Enoe ha trovato una nuova ragione di vita negli anni della sua maturità?

14. Quali sono le conclusioni a cui Enoe giunge sul conflitto tra le "due madri?"

Esprimi la tua opinione

1. Il fenomeno delle "spose per procura," visto con gli occhi di oggi, è assolutamente anacronistico. Tuttavia è stata l'esperienza di migliaia di donne in emigrazione. Prova ad immaginare il dramma interiore di una "sposa per procura."

2. Secondo te, Enoe ha mai veramente superato la nostalgia per la sua terra d'origine? Motiva la tua risposta.

3. Credi che sia importante per un emigrante arrivare ad una scelta tra le "due madri," quella naturale e quella adottiva? Motiva la tua risposta.

4. Commenta la poesia di Enoe "Se rimarrà qualcosa..." che precede la storia "Mio e non Mio."

Scegli uno dei seguenti temi

A. Conosci qualche personaggio importante di origine italiana nel tuo Paese? Scopri la sua vita e le sue opere.

B. Dal latino dell'Impero Romano al "volgare" dei poeti siciliani della corte palermitana di Federico II, alla lingua di Dante, Petrarca e Boccaccio. Fai una ricerca sulle origini e sull'evoluzione della lingua italiana.

C. Il Trentino Alto Adige è una regione di una bellezza scenica unica. È circondata dalle Dolomiti, considerate una delle più belle catene montuose del mondo. Organizza una "settimana bianca" tra le località più famose e suggestive di questa parte dell'Italia.

4 | Attraverso gli occhi di mio nonno

Domande di comprensione

1. Che cosa la nipote non ha potuto mai regalare al nonno e perché?

2. A che tipo di generazione apparteneva il giovane Antonio?

3. Che cosa piaceva a Giulia di Antonio?

4. Perché sono andati ad abitare a Coatesville, in Pennsylvania?

5. Com'è stata la vita di Giulia e di Antonio durante i primi anni in America?

6. Descrivi, con parole tue, l'incidente capitato ad Antonio.

7. Quali sono stati i motivi che hanno spinto Giulia a ritornare in Italia?

8. Che cosa l'ha convinta che invece il suo futuro era in America?

9. Che cosa ha fatto Giulia al suo ritorno in America?

10. Che cosa rappresentava per Giulia il centrino gelosamente conservato per sessant'anni?

11. Che cosa rappresenta il centrino per la nipote?

12. Quali sono i sentimenti della nipote nei confronti della nonna e quali espressioni nel testo esprimono questi sentimenti?

Esprimi le tue opinioni

1. Qual è lo stato d'animo della nipote nei confronti del nonno all'inizio della storia?

2. Cosa scopriamo della personalità di Giulia prima e dopo il tragico incidente?

3. Cosa pensi della decisione di Giulia di ritornare in Italia? Esponi la tua opinione.

4. Qual è il messaggio e l'insegnamento che possiamo trarre dalla tragica esperienza di Giulia?

5. Immagina di trovarti nella situazione di Giulia. Cosa faresti e perché?

6. Nell'ipotesi che tu andassi a vivere in un altro paese e avessi dei figli, cosa faresti per la loro educazione: instilleresti in loro il tuo patrimonio culturale, vorresti che si sentissero completamente cittadini del nuovo paese o li incoraggeresti a "prendere" il meglio delle due culture? Motiva la tua risposta.

Scegli uno dei seguenti temi

A. Qual è stato il contributo degli italiani allo stile e alla qualità della vita dei paesi dove sono emigrati? Nello stato o nella città in cui vivi, in quali settori gli italiani si sono particolarmente distinti? (Ristorazione, edilizia, attività artigianali, imprenditoria, libere professioni, politica, ecc.). Puoi fare degli esempi specifici?

B. Si dice che nessun paese sia immune da forme di razzismo. Qual è la tua opinione al riguardo? Qual è, secondo te, la situazione nel Paese in cui vivi? Hai mai assistito ad episodi di discriminazione razziale? Pensi che nel futuro sarà possibile vivere senza conflitti di questo genere? Motiva la tua risposta.

C. L'Abruzzo, una regione tra "il mare e i monti," si caratterizza per la grandiosità dei panorami, l'aspra bellezza del Gran Sasso ma anche per la testimonianza di una storia antica. Tuttavia è ancora relativamente sconosciuta al turismo internazionale. Svela quello che questa regione offre al potenziale visitatore.

5 | I miei primi centun anni

Domande di comprensione

1. Cosa significava "non essere poveri" all'inizio del secolo scorso in un piccolo paese della Sicilia?

2. Perché il padre di Maria non voleva che lei lavorasse nei campi?

3. Perché Maria si è decisa a sposare Rosario?

4. Chi erano le "vedove bianche?"

5. Descrivi, con parole tue, le condizioni di vita che Maria ha dovuto affrontare in Australia.

6. Perché Maria rattoppava con la lanterna accesa posata per terra?

7. La Seconda Guerra Mondiale ha messo Maria di fronte ad una doppia sfida: una in Italia e una in Australia. Puoi descrivere questo momento cruciale della sua vita?

8. Che promessa ha fatto Maria a se stessa?

9. Maria ha mantenuto la sua promessa?

10. Quali sono i problemi di "salute" che lamenta Maria oggi?

Esprimi le tue opinioni

1. All'inizio della storia c'è la descrizione di Maria com'è oggi. Prova ad immaginarla da giovane donna. Come la descriveresti?

2. Quali sono, secondo te, i sentimenti che la storia di Maria suscita nel lettore?

3. Secondo te, Maria come sta vivendo questa parte della sua vita?

4. Hai mai provato il desiderio di andar via dal tuo Paese e quali ragioni hanno motivato questo tuo desiderio? Se non hai mai desiderato andar via, che cosa ami particolarmente del tuo Paese?

Scegli uno dei seguenti temi

A. Pensi che esista una cultura nazionale italiana o si dovrebbe invece parlare di culture regionali italiane? Esponi la tua opinione sulla base di esempi specifici (la cucina, le tradizioni, il senso della famiglia, i dialetti, ecc.).

B. Che cos'è la globalizzazione? Quali sono i vantaggi e i limiti della globalizzazione? Pensi che una politica globale corretta possa favorire la crescita economica dei paesi meno sviluppati? Pensi che sarà mai possibile la realizzazione di un "villaggio globale?"

C. Il teatro dei Pupi Siciliani è un aspetto della tradizione e della cultura siciliane. Ricerca la storia di questa forma d'arte che ancora oggi è oggetto di mostre e di studio in Sicilia e nel mondo.

6 | Chi ti dà il pane chiamalo padre

Domande di comprensione

1. Com'era la situazione famigliare quando è nata Anna?
2. Come vive oggi Anna?
3. Perché Carmela era un "buon partito?"
4. Perché Carmela sentiva che non poteva abbandonare i suoi genitori?
5. Che cosa ha reso Luigi irremovibile nella decisione di emigrare?
6. Com'è stata la vita di Carmela in Calabria durante i sette anni di assenza del marito?
7. Cosa ha reso ancora più dolorosa la partenza di Carmela e delle sue figlie per l'Australia?
8. Quali episodi accaduti durante il viaggio sulla nave ricorda Anna?
9. Anna è molto orgogliosa di sua madre: quali sono le espressioni nel testo che confermano questo sentimento?
10. Dopo quanti anni Carmela è tornata in Italia e che cosa ha fatto?

Esprimi le tue opinioni

1. Qual è il significato del titolo di questa storia? Sei d'accordo?

2. Secondo te, com'era Anna da ragazzina? Come la immagini durante il viaggio sulla nave?

3. Anna aveva tre anni quando suo padre era emigrato e dieci anni quando l'ha rivisto. Come pensi sia stato l'incontro con suo padre?

4. Secondo te, Anna che sentimenti prova per suo padre oggi?

5. Pensi che le sfide e le difficoltà dell'emigrazione affrontate da una persona giovane siano uguali a quelle di una persona meno giovane come Carmela? Basa le tue opinioni su esempi concreti.

6. Secondo te, qual è la parte più triste di questa storia?

Scegli uno dei seguenti temi

A. Le donne italiane emigrate hanno avuto un ruolo importantissimo di mediazione tra la cultura italiana e quella del paese che le ha accolte. Fai una ricerca sul ruolo delle donne nel mantenimento delle tradizioni, della lingua e della cultura italiana.

B. *La dolce vita,* oltre ad essere il titolo di un film-culto di Federico Fellini, è diventato un modo di descrivere lo stile di vita degli italiani cominciato durante il boom economico degli anni Sessanta e mantenuto fino ad oggi. Quali sono gli stereotipi che meglio identificano il modo di essere e di vivere degli italiani? In che modo i mass media rinforzano questi stereotipi?

C. Due capolavori dell'antichità, noti come i Bronzi di Riace, sono stati rinvenuti nei fondali del Mar Ionio, lungo la costa della Calabria. Ricerca le ipotesi e gli enigmi sull'origine e sulla storia di queste due splendide statue.

7 | Da una guerra a un colpo di stato alla libertà

Domande di comprensione

1. Perché da bambino Filippo era un privilegiato?
2. Puoi esporre, con parole tue, le avventure della famiglia Spinella durante la Seconda Guerra Mondiale?
3. Com'era la situazione in Calabria alla fine della guerra?
4. Perché Filippo ha deciso di emigrare proprio in Argentina?
5. Com'era Buenos Aires all'arrivo di Filippo?
6. Parla dei primi successi di Filippo nel campo della gioielleria.
7. Che cosa è avvenuto nella situazione economica e politica dell'Argentina alla fine degli anni Cinquanta?
8. Come sono stati i primi anni di Filippo a New York?

Esprimi le tue opinioni

1. I pochi episodi dell'infanzia di Filippo rivelano la sua personalità da bambino. Come la descriveresti?

2. Da bambino che giocava a piedi nudi a famoso gioielliere. C'è una lezione che possiamo imparare dall'esperienza di Filippo?

3. Trova tre aggettivi per descrivere la personalità di Filippo sulla base di quanto hai letto della sua vita. Spiega perché hai scelto questi aggettivi.

Scegli uno dei seguenti temi

A. Il calcio è indubbiamente una delle grandi passioni sportive degli italiani. Tu segui il calcio italiano? Chi sono i tuoi calciatori preferiti? Cosa pensi della violenza negli stadi? Fai una ricerca su questo sport che accomuna tutti gli italiani e che ha tifosi in tutto il mondo.

B. Hai visto il film di Roberto Benigni *La vita è bella?* Benigni ha usato la comicità per salvare un bambino dall'orrore della guerra e per fargli continuare a credere che la vita è bella. Racconta di che cosa tratta il film ed esprimi le tue opinioni sul modo in cui Benigni ha trattato temi delicati come il razzismo, la violenza e l'assurdità dell'Olocausto.

C. La musica leggera italiana è molto popolare anche all'estero. Cantanti come Eros Ramazzotti, Laura Pausini, Jovanotti, Zucchero, Andrea Bocelli, Vasco Rossi, possono competere con le star internazionali della musica. Che cosa pensi della musica italiana? Chi è il tuo cantante preferito? Parla della sua vita e della sua carriera artistica.

8 | I ricordi sono per sempre

Domande di comprensione

1. Che sentimento prova la figlia per il padre e da cosa nasce?
2. Descrivi l'itinerario di Ciano e di Eva per arrivare a Boston.
3. Quali sono i ricordi che Ciano ha della sua infanzia a Sulmona?
4. Quali sono state le esperienze di Ciano durante la Seconda Guerra Mondiale?
5. Perché Ciano doveva andare a dormire a casa di sua nonna?
6. Com'era il rapporto con sua nonna e perché ne era così traumatizzato?
7. Perché Ciano non ha mai conosciuto suo padre e che cosa sapeva di lui?
8. Com'è stata la sua vita in Massachusetts?
9. In che modo Ciano ha cercato di "americanizzarsi?"
10. Spiega le ragioni per cui Ciano non è mai ritornato in Italia.
11. In che modo Ciano ha mantenuto vive le sue radici e il suo legame con l'Italia?
12. Perché oggi Ciano desidera fare un viaggio in Italia?

Esprimi le tue opinioni

1. Pensi che gli anni dell'infanzia siano molto importanti nella formazione di una persona? Motiva la tua risposta.

2. Quali cose ti riportano maggiormente ai ricordi dell'infanzia: gli odori, i sapori, i colori o cos'altro? Descrivi un ricordo legato a uno o più di questi elementi.

3. Ciano, secondo te, si è mai veramente "americanizzato?"

4. Ciano da ragazzino era molto curioso della vita e intraprendente. Pensi che sia cambiato durante la sua esperienza americana?

Scegli uno dei seguenti temi

A. Che cos'è l'Agriturismo? Svolgi una ricerca su questa forma relativamente nuova di vacanza che, combinando la storia e la cultura con le architetture rurali, sta riscuotendo un enorme successo in Italia.

B. La dieta mediterranea è stata molto rivalutata. In che cosa consiste la dieta mediterranea? Quali sono i suoi vantaggi? Secondo te, è importante adattare la dieta allo stile di vita dei nostri tempi e perché?

C. Sulmona, situata nel centro dell'Abruzzo, è famosa per i confetti, per la Giostra Cavalleresca e per la celebrazione della Pasqua. Fai una ricerca su questi tre aspetti della città di Sulmona.

9 | Il passaporto per una nuova vita

Domande di comprensione

1. Esprimi, con parole tue, lo stato d'animo di Carmela quando sta per lasciare Napoli.
2. Come ha vissuto le ore di volo da Napoli a New York?
3. Com'è stato l'impatto con New York?
4. Che cosa è diventata la sua migliore amica e perché?
5. Che cosa l'ha convinta a reagire?
6. Quali sono state le difficoltà che ha dovuto affrontare nel processo di crescita e di superamento delle sue paure e insicurezze?
7. Descrivi i sentimenti di Carmela nei confronti dei suoi genitori e viceversa.

Esprimi le tue opinioni

1. Pensi che se Carmela fosse rimasta in Italia avrebbe raggiunto gli stessi traguardi che ha raggiunto in America? Motiva la tua risposta.

2. Come descriveresti la personalità di Carmela?

3. Se per qualunque ragione tu fossi costretto/a ad andare a vivere in un altro paese molto diverso dal tuo, che cosa faresti per adattarti alla nuova realtà?

Scegli uno dei seguenti temi

A. La pizza ha una storia antichissima: dall'Egitto sarebbe passata alla Grecia e poi a Roma. I napoletani, tuttavia, ne contendono la paternità. Scopri l'origine e l'evoluzione di uno dei cibi più amati al mondo.

B. Conosci qualcuno che ha vissuto in prima persona l'esperienza dell'emigrazione? Prova ad intervistarlo per scrivere la storia della sua vita con lo scopo di inserirla in un'antologia di storie di emigranti.

C. Dalla Campania partirono all'inizio del secolo scorso i nonni di Mario Cuomo, ex Governatore dello Stato di New York. Mario Cuomo è considerato un personaggio straordinario sia in Italia che in America. Gli italiani sono orgogliosi di lui e gli americani lo considerano un "eroe americano." Scopri la vita e il contributo di questo personaggio alla società americana.

10 | Una lettera mai spedita

Domande di comprensione

1. Da che cosa nasce il disagio di Maria durante il matrimonio del figlio?

2. Descrivi, con parole tue, l'"incidente" sul tram.

3. Quali sono state le condizioni di lavoro del marito di Maria?

4. Cosa ricorda Maria dei pochi anni trascorsi insieme con il marito a Toronto?

5. Che cosa ti ha colpito della descrizione dell'incidente in cui Maria ha perso suo marito?

6. Come ha reagito la stampa locale alla morte del marito di Maria?

7. Che cosa ha umiliato ulteriormente Maria dopo l'incidente?

8. Com'è stata la vita di Maria subito dopo la morte del marito?

9. Perché l'insegnante di Vincenzo gli consigliava d'imparare un mestiere?

10. A quali umiliazioni si è sottoposto Vincenzo per avere successo nella sua professione?

11. Quali sono le "tradizioni" siciliane che Maria non è riuscita a far osservare a Santina?

12. In che senso Santina ha rappresentato "un'altra grande sfida" nella vita di Maria?

13. Che cosa ha rattristato Maria al funerale della zia Antonietta?

14. Che cosa ha scoperto Maria durante il suo ritorno in Sicilia dopo trent'anni?

Esprimi le tue opinioni

1. Pensi che le resistenze di Santina alla cultura siciliana siano giustificate e perché?

2. Secondo te, Santina sarebbe potuta giungere ad un compromesso tra le due culture per non far soffrire sua madre? Motiva la tua risposta.

3. Pensi che, nel giustificare il suo comportamento nei confronti di Santina, Maria abbia dei sensi di colpa oppure sia veramente convinta di non avere avuto alternative?

4. Che sentimenti ha suscitato in te il ritorno di Maria in Sicilia dopo trent'anni?

5. Cosa proveresti se dovessi lasciare il tuo Paese con la consapevolezza di non poter mai ritornare? Che cosa pensi ti mancherebbe del tuo Paese e cosa invece lasceresti volentieri alle spalle?

Scegli uno dei seguenti temi

A. Che cos'è il multiculturalismo? Quali possono essere i vantaggi o gli svantaggi del multiculturalismo? Esponi le tue opinioni e ricerca come il Paese nel quale vivi ha affrontato questo problema.

B. Ti piacerebbe fare un'esperienza di lavoro in Italia? Secondo te, in quale settore l'Italia potrebbe offrirti più di quanto non ti offra il Paese in cui vivi? Descrivi come potresti utilizzare le conoscenze acquisite in Italia quando ritorneresti nel tuo Paese.

C. L'Italia è un paese ricco di tradizioni secolari. Una di esse è il Carnevale di Venezia, considerato il più antico del mondo. Svolgi una ricerca sulla storia, sulle maschere e sul significato di questa festa che attira ogni anno migliaia di turisti da tutto il mondo.

Tabella con il passato remoto di alcuni verbi regolari e irregolari

INFINITO	io	tu	lui/lei/Lei	noi	voi	loro	
essere	fui	fosti	fu	fummo	foste	furono	to be
avere	ebbi	avesti	ebbe	avemmo	aveste	ebbero	to have

prima coniugazione

INFINITO	io	tu	lui/lei/Lei	noi	voi	loro	
andare	andai	andasti	andò	andammo	andaste	andarono	to go
cominciare	cominciai	cominciasti	cominciò	cominciammo	cominciaste	cominciarono	to start
dare	diedi	desti	diede	demmo	deste	diedero	to give
emigrare	emigrai	emigrasti	emigrò	emigrammo	emigraste	emigrarono	to emigrate
fare	feci	facesti	fece	facemmo	faceste	fecero	to do
lasciare	lasciai	lasciasti	lasciò	lasciammo	lasciaste	lasciarono	to leave
rientrare	rientrai	rientrasti	rientrò	rientrammo	rientraste	rientrarono	to return
sposare/rsi	(mi) sposai	(ti) sposasti	(si) sposò	(ci) sposammo	(vi) sposaste	(si) sposarono	to marry
stare	stetti	stesti	stette	stemmo	steste	stettero	to stay
tagliare	tagliai	tagliasti	tagliò	tagliammo	tagliaste	tagliarono	to cut

seconda coniugazione

INFINITO	io	tu	lui/lei/Lei	noi	voi	loro	
accendere	accesi	accendesti	accese	accendemmo	accendeste	accesero	to light up
appartenere	appartenni	appartenesti	appartenne	appartenemmo	apparteneste	appartennero	to belong
arrendersi	mi arresi	ti arrendesti	si arrese	ci arrendemmo	vi arrendeste	si arresero	to give up
chiedere	chiesi	chiedesti	chiese	chiedemmo	chiedeste	chiesero	to ask
conoscere	conobbi	conoscesti	conobbe	conoscemmo	conosceste	conobbero	to know
decidere	decisi	decidesti	decise	decidemmo	decideste	decisero	to decide
dirigere/rsi	(mi) diressi	(ti) dirigesti	(si) diresse	(ci) dirigemmo	(vi) dirigeste	(si) diressero	to head
dovere	dovetti	dovesti	dovette	dovemmo	doveste	dovettero	to have to
leggere	lessi	leggesti	lesse	leggemmo	leggeste	lessero	to read
mettere	misi	mettesti	mise	mettemmo	metteste	misero	to put
nascere	nacqui	nascesti	nacque	nascemmo	nasceste	nacquero	to be born
porre	posi	ponesti	pose	ponemmo	poneste	posero	to put
potere	potei	potesti	potè	potemmo	poteste	poterono	to be able to
prendere	presi	prendesti	prese	prendemmo	prendeste	presero	to get
raggiungere	raggiunsi	raggiungesti	raggiunse	raggiungemmo	raggiungeste	raggiunsero	to reach
rendere	resi	rendesti	rese	rendemmo	rendeste	resero	to make
rimanere	rimasi	rimanesti	rimase	rimanemmo	rimaneste	rimasero	to remain
sapere	seppi	sapesti	seppe	sapemmo	sapeste	seppero	to know
scegliere	scelsi	scegliesti	scelse	scegliemmo	sceglieste	scelsero	to choose
scrivere	scrissi	scrivesti	scrisse	scrivemmo	scriveste	scrissero	to write
tenere	tenni	tenesti	tenne	tenemmo	teneste	tennero	to keep
vedere	vidi	vedesti	vide	vedemmo	vedeste	videro	to see
vivere	vissi	vivesti	visse	vivemmo	viveste	vissero	to live
volere	volli	volesti	volle	volemmo	voleste	vollero	to want

terza coniugazione

INFINITO	io	tu	lui/lei/Lei	noi	voi	loro	
acquisire	acquisii	acquisisti	acquisì	acquisimmo	acquisiste	acquisirono	to acquire
apparire	apparvi	apparisti	apparve	apparimmo	appariste	apparvero	to appear
aprire	aprii	apristi	aprì	aprimmo	apriste	aprirono	to open
costruire	costruii	costruisti	costruì	costruimmo	costruiste	costruirono	to construct
custodire	custodii	custodisti	custodì	custodimmo	custodiste	custodirono	to cherish
dire	dissi	dicesti	disse	dicemmo	diceste	dissero	to say
morire	morii	moristi	morì	morimmo	moriste	morirono	to die
partire	partii	partisti	partì	partimmo	partiste	partirono	to leave
riempire	riempii	riempisti	riempì	riempimmo	riempiste	riempirono	to fill
seguire	seguii	seguisti	seguì	seguimmo	seguiste	seguirono	to follow
subire	subii	subisti	subì	subimmo	subiste	subirono	to endure
venire	venni	venisti	venne	venimmo	veniste	vennero	to come
vincere	vinsi	vincesti	vinse	vincemmo	vinceste	vinsero	to win

Note culturali/Cultural notes

Introduzione

i The migration chain demonstrates the extraordinary restlessness that characterized Italians in the periods after two world wars: entire families as well as almost all inhabitants of entire villages emigrated to the same regions. Normally relatives and friends who had already emigrated would divulge vague news or murmurs about job opportunities in the far away land. Sometimes immigrants who returned and were able to show some degree of success as a result of having left Italy, contributed to the decision of others to emigrate. It was not uncommon for people to leave without even knowing what they were going to do for work upon arriving in a new country. The "potential job positions" were passed *di bocca in bocca* as word of mouth. "Venite, qui c'è lavoro per tutti!" ("Come, there is plenty of work here for everybody!")

ii The gang – In the early 1900s on northern Queensland's and southern Louisiana's plantations, laborers often worked in supervised gangs divided by age and fitness, planting, hoeing, weeding, harvesting and grinding sugar cane. Once laborers cut and stacked the cane stalks, they were loaded onto mule-drawn carts to be sent to the mill for processing. On these plantations, men typically worked 10 or more hours a day, six days a week except at harvesting time, when they were required to work 16-hour days. The work system at these plantations was innovative for the time and the precursor to the assembly line and the factory system of today.

iii Vedove bianche – The expression *vedove bianche* refers to the women who, often for very prolonged periods of time, were left in their hometown while their husbands migrated seeking opportunities in faraway lands. During that time, women were expected to attend to their normal chores, as well as to the ones traditionally carried out by their husbands. They became great administrators of the scarce finances that they would periodically receive from their husbands, raised their children for whom they were to be both mothers and fathers, attended to the hard work of the land, and looked after their aging and sick parents.

The phenomenon of the *vedove bianche* gives the measure of the importance of the "silent" role of women in migration history.

iv Origin of derogatory words referring to Italian immigrants:

Wog – This word was in use since the days of the British Empire and was an offensive term for Indians, Arabs, or other Asians. More recently, *wog* has been used to refer to Western foreigners. It is commonly thought to be an acronym and supposedly stands for "Westernized Oriental Gentleman" or "Working on Government Service."

Wop – The pejorative term **wop** is often thought to be an acronym for "Without Papers" or "Without Passport." It was supposedly used for the first time on Ellis Island to designate immigrants without proper papers.

The etymology is uncertain although authorities generally agree that it probably derives from the Italian dialectical *guappo*, or thug. This derivation comes from the Spanish *guapo*, meaning braggart or bully, which in turn derives from the Latin *vappa*, meaning scoundrel.

Dago – *Dago* comes from the Spanish given name *Diego* and originally referred to Spanish or Portuguese sailors on English or American ships. This usage dates to the 1830s. The meaning eventually broadened to include anyone from southern Europe, before narrowing and restricting usage to Italians. The linking of this word to Italians dates to at least the 1870s.

Mafioso – This word dates back to the late 1800s and was originally associated with elegance, bravery and courage. In the 1900s it became associated with a member of the Mafia, which originally was the name of a loose confederation of people in Sicily, who banded together for the purposes of protection and law enforcement and later engaged in organized crime. The Mafia eventually spread outside of Italy including to the United States where it has become entrenched in American popular culture, portrayed in movies and TV shows.

Tano – A shortened form of *napoletano* (person from Napoli) used in a derogatory way referring to the illiterate Italian migrants arriving in Argentina since the beginning of the last century.

2 | Il mio Michelangelo

i "... a meno che uno non nascesse in una situazione particolare"
One's *situazione* or social station in Sicilian culture was determined
at birth. Up until the end of the 1800s, Sicilian society was divided
into roughly three social classes: landed aristocrats and an upwardly
mobile land-owning elite, including professionals, made up a very
small percentage of the population while artisans, merchants and
shopkeepers accounted for a somewhat larger percentage of the
citizenry. Sicily's remaining inhabitants were poor urban day
laborers, sulpher mine workers who toiled under horrific conditions
or peasants many of whom eked out a living on the great feudal
estates *(latifondi)* of the interior. Given the lack of access to a
meaningful education for all but the wealthiest of Sicilians, sons
tended to follow in their fathers' footsteps: sons of nobles inherited
titles and estates, sons of artisans learned their fathers' trade, and
sons of peasants followed their fathers into the fields.

ii "Solo la fortuna poteva alterare il corso del proprio destino." –
The concept of *fortuna or destino* permeated the mindset of Sicilians
well into the last century. Nearly two thousand years of domination
and exploitation by foreign populations, including that of the new
government formed in 1860, gave rise to a uniquely Sicilian sense of
powerlessness and fatalistic view of existence. Individual effort
might be noble but it was rarely a guarantee that the cycle of
poverty, ignorance or overall misfortune could be avoided. Thus
events that might befall an individual or an entire family were
ultimately ascribed to *fortuna* – a force beyond human control that
inexplicably governed all human activity.

iii Sicilian girls were responsible for learning the arts of sewing and
embroidery as they would eventually be responsible for preparing
much of their own *corredo* or trousseau. The skills of young women
who demonstrated exceptional sewing and embroidery abilities were
also much sought after by wealthier clients. As a result women in
Sicilian society, who rarely worked outside the home regardless of
class, could supplement the income of male wage earners.

iv "In una calda giornata d'autunno. . ."– The feast of San
Martino, November 11, marks the traditional end of summer on the
island of Sicily where temperate weather can last well into the

autumnal season. Un giorno di San Martino refers to an unusually warm, summer-like day in the fall, much akin to "Indian summer." Transatlantic crossings increased in this season in order to avoid the stifling heat that was inevitable during the summer months.

v "Influenza e tuberculosis. . ."– The 1918-1919 pandemic of Spanish influenza killed between 30 and 40 million people worldwide and had similarly devastating effects in the small hilltop villages of Sicily. Likewise, in the first quarter of the 20th century, pulmonary tuberculosis continued to be a leading cause of death in U.S. urban centers due to overcrowded living quarters and unventilated factories where the airborne disease thrived.

3 | Mio e non mio

i I matrimoni per procura – Since the beginning of the last century, "marriages by proxy" have taken place in South America and in the United States. However, they became a social "phenomenon" when Australia opened its doors to migration in the 1950s. Before then, principally men migrated to Australia and they became psychologically destabilized because of the lack of women, since the local women showed little interest in them. Often mothers of young immigrants would find in the home-town a "suitable" potential bride for their sons. An exchange of photographs and letters would follow until the betrothed would give their consensus. The wedding was usually celebrated in the bride's hometown and often it was the father of the groom or another relative who would stand in for the groom at the altar. The sad ceremony was soon followed by the month-long ocean journey to Australia where the bride would join a perfect stranger, now her husband. Upon arriving at the port a simple ceremony would immediately take place in a small harborside church. For this reason the young girls were given the nickname of "brides of the wharf."

6 | Chi ti dà il pane chiamalo padre

i "Si era formata una particolare rete di informazioni su quello che succedeva al paese... ma (le notizie) erano vaghe e non sempre attendibili." This became quite a common habit since means of communication were limited and slow. For the people who remained in Italy, it was vital to receive news from their relatives abroad. However, letters took several weeks to arrive since they came by ship. Immigrants from the same villages often would send news about other *paesani* so when a letter arrived it was a special event and an occasion for people to gather together and, in great trepidation, be updated about their relatives. When letters were to be written to relatives abroad they were typically written by the local priest or school teachers. Because most of the immigrants could not read or write, they mainly relied on a few literate women among them to handle this correspondence; these "letter writers" became trustful guardians of many a family secret. Thanks to them and their letters we have today accounts of the kind of life that the immigrants experienced upon their arrival in their new countries, everything from where they shopped for groceries, what they did on Sundays, the new environment, to the kind of houses in which they lived."

10 | Una lettera mai spedita

i Mangiacake means literally "cake eater." This expression is usually used to describe people of English-speaking descent. The term was already in use at the beginning of the 20th century when Italian immigrants encountered the bland (at the time) cuisine of the United States. The white bread of the Americans was believed to be not bread, but cake because it was so different from the coarse hardiness of the southern Italian bread. These days, a *mangiacake* is just a white, non Italian who does not understand or appreciate Italian cooking. Even certain foods or restaurants can be considered *mangiacake*, meaning they are not authentic, and created for bland palates, or *mangiacakes.*

CULTURE

CULTURA ITALIANA
DI REGIONE IN REGIONE
Levels 3-4
High school – University – Self Study
ISBN 978-0-9824845-3-1

WORKBOOKS & LABORATORY MANUALS

SEI PRONTO... A PERFEZIONARTI? w/CDs
For Intermediate-Advanced Italian
Levels 4-5
High School – University – Self Study
ISBN 978-0-9824845-0-0

SEI PRONTO... A MIGLIORARE? w/CDs
For Beginner-Intermediate Italian
Levels 2-3
High School - University - Self Study
ISBN 978-0-9846327-2-5

SEI PRONTO... A COMINCIARE? w/CDs
For Beginner Italian
Levels 1-2
High School - University - Self Study
ISBN 978-0-9824845-8-6

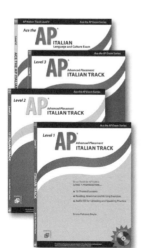

Level 4 ACE THE AP ITALIAN LANGUAGE AND CULTURE EXAM w/CDs
ISBN 978-0-9786016-6-9

Level 3 AP ITALIAN TRACK w/CD
ISBN 978-0-9786016-7-6

Level 2 AP ITALIAN TRACK w/CD
ISBN 978-0-9786016-5-2

Level 1 AP ITALIAN TRACK w/CD
ISBN 978-0-9786016-1-4

LISTENING AND COMPREHENSION

EDIZIONI **FILM STUDY PROGRAMS**

Caterina va in città
ISBN 978-0-9795031-3-9

Ciao, Professore
ISBN 978-0-9786016-0-7

Cinema Paradiso
ISBN 978-0-9786016-8-3

Cristo si è fermato a Eboli
ISBN 978-0-9795031-7-7

Giorni e nuvole
ISBN 978-0-9795031-9-1

Il postino
ISBN 978-0-9795031-8-4

Io non ho paura
ISBN 978-0-9795031-0-8

La meglio gioventù
ISBN 978-0-9786016-2-1

L'ultimo bacio
ISBN 978-0-9723562-3-7

La vita è bella
ISBN 978-0-9824845-2-4

Pane e tulipani
ISBN 978-0-9795031-2-2

Pinocchio
ISBN 978-0-9824845-1-7

Ricordati di me
ISBN 978-0-9795031-1-5

EDIZIONI  **MUSIC STUDY PROGRAM**

E RITORNO DA TE w/CD
(The Best of Laura Pausini)

Levels 2-3
High school – University – Self Study
ISBN 978-0-9795031-1-5

READERS AND EXERCISES

Letture divertenti: UMORISMO
Levels 4-5
University - High School - Self Study
ISBN 978-0-9824845-4-8

Uffa!
Levels 3-4
High School - University - Self Study
ISBN 978-0-9786016-3-8

Jean e Roscoe vanno a Perugia
Levels 2-3
High School - University - Self Study
ISBN 978-0-9723562-1-3

Diario della studentessa Jean (3rd Edition)
Levels 1-2
High School - Middle School - University - Self Study
ISBN 978-0-9846327-0-1

Accompanying Eserciziario
ISBN 978-0-9723562-8-2

Mi diverto con Gianluigi!
Level 1
Middle School - High School - Self Study
ISBN 978-0-9795031-4-6

For more information or to order, contact:
EDIZIONI FARINELLI
20 Sutton Place South
New York, NY 10022
+ 1-212-751-2427
edizioni@mindspring.com
www.edizionifarinelli.com